成交心法

程广见 著

民主与建设出版社
·北京·

序　言
销售高手的养成秘籍

很高兴你读到了我写的这本书，真是难得的缘分。

我先简单做一下自我介绍，我是程广见。大学毕业之后，去了央企工作；之后去了中美合资公司，有过一段海外生活工作的经历；然后又去了世界500强之一的德国拜耳公司。其间，也曾经下海经过商。

2007年3月22日，我成为一名职业讲师。一晃十几年过去了，我线下面授的学员已经有十几万人。而我主讲的课程——销售技巧、销售管理和回款技巧，更是帮助了近百万人。

每次站在讲台上，我都感到特别的惶恐，因为我希望自己所讲的内容，对学习这门课的人真的有用。我讲的课程内容，既有理论，又包括从经验中精心提炼的方法。其中80%的内容是用真实案例给学生讲工具，对学生有实用价值，让学生可以马上就在实践中去操作、去使用。而今，我觉得非常有必要把这些有价值的内容汇集起来，也就是你现在读到的这本书，希望借此可以帮到更多有需要的人。

在这本书中，我重点讲了如何培养销售与回款的能力，也分享了很多关于销售与回款的工具，马上就可以落地使用。读完这本书，你的沟通、销售、回款的能力一定会有所提升。

这本书除了对销售人员有用，其实对想转岗做销售的人也很有价值。这些年，我们培养了不少从技术、财务以及质检等岗位转岗做销售的，做得好的人比比皆是。如果你刚从技术岗转到销售岗，正在担心自己能不能做好销售，我告诉你：一点儿问题都没有，而且你还有别人所不具备的优势。

人生无外乎分为三个阶段：第一个阶段是见自己，第二个阶段是见天地，第三个阶段是见众生。

见自己

什么叫作见自己？举例来说，我们步入社会，总得有一技之长，才能养家糊口。我大学时学的是经济学，毕业以后被分到了央企的财务部做会计，几年以后转行做了销售。现在想想，我当年转行做销售有一个很重要的因素，那就是我想通过做销售赚更多的钱，走向更大的舞台。现在回头来看，通过这些努力，早期的目标已经实现了。

一个人的年薪和他的稀缺性成正比。稀缺性越大年薪越高，反之亦然。所以，见自己的意思是，在职场中，我们要了解自己的优势，只有了解自己的优势才可以发挥自己的长处。

盖洛普的优势理论认为，优势=才干+知识+技能。

其中，才干对优势的形成非常重要。盖洛普测试中提到了34个才干，而每个人的才干都是独一无二的，我们要做的就是把才干训练成优势。

知识和技能的学习，要取决于你是否用心，以及是否有实践的经验。知识偏理论，技能偏实践；掌握了知识是"我知道"，掌握了技能是"我做到"；知识是输入，技能是输出，这两者是有差别的。

例如，韩国平昌冬奥会有一个冰上项目是冰壶。我儿子从来没见过，他就问我说："爸爸，这个东西怎么玩啊？"于是，我上网去查，就掌握了玩冰壶的基本知识；但是没有操作过，就没有技能。儿子问我，能不能找教练学一学。刚好，那时候北京快要开冬奥会了，为了参与到全民冰雪运动当中，我们就找了个教练，我儿子学了两到三个星期，就掌握了冰壶的基本技能。

你发现了吗？知识容易忘，而技能不容易忘。你多年不骑单车，一骑上去就能恢复骑单车的技能的记忆。学习销售、回款技巧并不难，简单的动作练到极致就是绝招。其实在足球运动员里，有很多高手是靠"一招鲜，吃遍天"的：贝克汉姆的"圆月弯刀"，还有马拉多纳的"踩单车"过人，都是这样。

可是你或许有一个疑问："我知道这件事应该怎么做，怎样搞定客户，销售成单，并把货款收回来，但是为什么学了这些之后不能落地呢？"

那么，这本书会告诉你，从"知道"到"做到"，从知识到技能，中间有一个转化，我们把它叫作方法论，也叫作工具。方法论是人们认识世界、改变世界的根本方法，指导人们来观察事物和处理问题。世界观主要是解决"世界是什么"的问题，而方法论主要解决"怎么办"的问题，有时我也叫它锦囊。所以在书中出现这几个词的时候，请你要注意认真地学习。

见天地

前面我们讲到了优势公式，当你了解自己优势的时候，你就有了自信。可是，如果你只能看见自己的优势，却看不见别人的优势，你就会自负，你的人生就会变成另外一个状态：力不能逮。当你的欲望已经膨胀到能力无法驾驭的情况时，你会感到非常痛苦。

假设以你现在的销售技巧，你一年能赚十几万，但你想赚几十万、上百万，可是你的能力也许没那么强，赚不到那么多的钱，你就会感到很痛苦。解决的方法是什么呢？就是见天地，多学习。

你会突然发现人外有人，天外有天。你天天在摸索的东西，有的人已经通过十几年的经验把它提炼出来了，比如，我写的这本书。现在"90后""95后"的销售员都走向市场了，你所面对的大客户决策人，往往是你父辈的年龄，跟这些人打交道，你确实会有落差，这时你就可以用我书里讲到的工具去应对。

这些年，在我授课的总裁班里的很多老板，他们的销售额在2000万元到三四亿元，是企业的董事长和总经理，他们在学习中是很活跃的。因为在学习过程中，一些新的理念冲击了他们旧有的思维逻辑，甚至有时候他们会发现，那些令自己引以为傲的"独门绝技",原来在新的环境中是过时的。但他们在一次次面对冲击时,抗压能力是很强的。

敢于面对自己不足的人,才是勇敢的人。所以,见天地的目的是寻找一些新的知识点、新的工具,重新武装你的知识架构,通过学习了解自己的不足。

见众生

终会有一天,你将达到一种更高的境界,就是你不仅自己能成功,还能影响他人成功,我把这叫作见众生。

我们大多数人应该还处于见自己和见天地的状态,很难到见众生的境界。但它是我们未来努力的方向。愿你与我一起,以赤诚之心,竭尽全力,奔赴美好的远方。

目　录

01 研究客户，营销前置

第一节　采购心理五要素 | 003

第二节　满足"需要的"还是"想要的" | 011

第三节　六步实现大客户销售全流程管控 | 019

02 销售布局"1+2+1"

第一节　客户内部的四种关键角色 | 027

第二节　如何在客户内部发展向导 | 035

03 降龙伏虎　建立关系

第一节　"鹰"型客户的特征与应对技巧 | 045

第二节　"羊"型客户特征与应对技巧 | 062

第三节　"狐"型客户特征与应对技巧 | 072

第四节　"驴"型客户特征与应对技巧 | 077

第五节　四种类型客户的谈判报价策略 | 080

04 呈现价值　高效成单

第一节　三大技术拿下"鹰"型客户 | 089

第二节　"驴""羊""狐"型客户的说服术 | 101

第三节　搞定公关决策人的三大策略 | 114

第四节　强压下的谈判突围工具"1+1" | 122

第五节　塑造个人品牌四大特征 | 125

第六节　破解压力谈判四大步法 | 131

颗粒归仓　回收货款

第一节　赊销的十大好处与六条实操建议 | 143

第二节　及时收款的重要性 | 148

第三节　剖析与破解客户十大借口的技巧 | 160

第四节　找到最佳回款执行人 | 169

第五节　借逻辑技术拿回款 | 176

第六节　四类谈判结果判定 | 181

以老带新　多次成交

第一节　如何有效促成二次销售 | 187

第二节　如何让老客户帮你介绍新客户 | 193

后　记 | 199

01

研究客户，营销前置

第一节 采购心理五要素

你是否遇到过这样的问题？客户不断地跟你要低价，而你的产品质量还可以，但总是没办法打开对方的心，以致无法成交。或者，你的产品已经交付好了，服务也做到位了，但客户总能找出理由不支付货款。到底是哪个环节出现了问题呢？现在就给你答案。

销售回款行业中有两个观点：第一个观点是，一个没欠过别人钱的人，无法成为完美的收款专员，因为他不知道债务人是怎么想的；第二个观点是，一个没参与过采购的人，无法成为完美的销售人员，因为他不知道客户在对他的产品和竞争对手的产品之间进行选择时，哪些因素决定客户的选择。

我发现，曾经做过采购的人，转做销售工作后，战斗力会很强，因为他对各个岗位的人的心理都很熟悉。

可是在实际工作中，并不是每家公司的业务人员都有机会参与采购工作。因此在销售技巧训练中，有个很重要的环节，叫作角色转换。由培训师来扮演销售人员，学员扮演采购人员，在"我卖你买"的过程中，由学员来品评哪些因素将决定他与培训师扮演的销售人员合作。

我有一个小小的经验：所谓做销售，就是会讲故事。如果你能把复杂的道理以轻松的故事讲出来，并让对方信任，那么成功就自然而然了。

一、产品的基本价值

我曾经在课堂上跟学生练习过模拟拍卖。我拿出西服内兜里的一支圆珠笔，告诉学生们，这支笔我用了3年，现在我要拍卖它，起拍价1000元，每次竞价加500元，最后以最高价成交。

我没给他们过多的思考时间，紧接着说："倒数3、2、1，想拍下的同学可以举手。"有个同学第一个举手了，我就跟他握手，宣布这支笔以1500元的价格成交了。

很多学生听到这里很惊讶，他们以为还能继续拍卖，没想明白怎么一下子就成交了。我告诉他们，这个拍卖成功的同学跟我也是第一次见面，肯定不是我的托儿。我又问他们："你们为什么不参与拍卖呢？"有人说，还没有看清楚这支笔，至少得知道它是什么牌子、用了3年之后还能不能用，等等。他们希望了解更多的信息。

可见，销售谈判中，决定客户是否采购产品的第一个因素，是要让客户了解产品的基本价值，包括品牌、型号、新旧程度、物理性能，等等。

以物理性能为例。比如，夏天穿的棉质衣服，面料除了棉，多少会加一点儿涤纶的成分，衣服才会有弹性。不论是毛料，还是棉麻的西服，都存在其物理性能。比如，汽车的基本功能是能够驾驶，能作为代步的工具，车中通常能坐人，也能拉货，这都属于产品的基本物理性能。比如，医疗器械可以用来检查身体，农药、化肥可以帮助庄稼更好地生长。

不同的产品都有不同的功能，这样的例子比比皆是。所以，让客户了解产品的基本价值是非常重要的。

二、产品的价格

回到我以1500元的价格拍卖圆珠笔的现场。我问学生们，如果是他们，想把这支笔卖出更高的价格该怎么做。

有人回答说，要把笔展示出来，让人们看到实物，了解它的基本价值。于是，我把笔展示给他们。我告诉大家，我拍卖的这支圆珠笔，只是一支普通的黑色圆珠笔，不是万宝龙这种名牌笔。

万宝龙的英文是Mont blanc（勃朗峰）。勃朗峰是欧洲阿尔卑斯山脉的最高峰，它代表一种向上的精神。万宝龙品牌属于奢侈品，一支笔至少要2000元。

但我这支笔并不是万宝龙的。它曾经挺好用的，但现在没水了，笔尖也有点儿毛病，一写字就会把纸划破，毕竟我用了3年，现在已经不值钱了。

我再次问这些学生："已经有一位同学出价1500元，有没有其他人愿意出更高的价格？"学生们都没有反应。这时，我换了一种方式，我问他们，如果这支笔我要送给你，谁想要就举手。结果很多同学都举手了，他们的心态都是"不要白不要"，反正自己也不用付出。

由此可以发现，决定客户是否采购产品的第二个因素，是产品的价格。产品的性能除以价格，等于产品的性价比。

三、客户的信任度

请思考一个问题：在销售谈判中，客户对产品进行最终选择时，他们与我们之间的关系会影响他们的决定吗？

例如，我曾经开过的两辆MPV。车A当时的售价是24万多元，后来我卖掉它，买了一辆车B，价格近80万元。

两辆车价格差这么多，但在卖车A的时候，我心里却有点儿舍不得。因为开了6年的车A没出过什么问题，很安全，维护费用一年也只有几百元。而车B的保养费用一年要几千元，保险上万元，还经常出现一些问题。

以上提到的车A、车B两辆车，如果从基本价值来看，其实是差不多的。但是它们的价格差别很大，车A要24万多元，车B要80万元，价格差了三倍多。基本价值差别不大的情况下，价格越高的车性价比越低。但是，为什么很多人还是要花接近100万元的价格去买车B呢？原因就是出于对车企品牌的信任。

所以可以得出一个结论，决定客户是否采购产品的第三个因素，是客户的信任度。

在销售谈判中，尤其是在大客户销售谈判中，客户进行最终选择的时候，考虑的关键因素往往不是性价比，而是对销售人员的信任度。所以，关系营销是销售中不可忽视的步骤。

中国人注重互帮互助的家文化，在产品接近的情况下，人们更愿意跟自己信任的人打交道。我也经常在朋友圈里买东西，比如，苹果、螃蟹、茶叶和酒。之所以从认识的人手里买东西，是因为对他们本人有信任感。

新冠疫情期间，我从首都机场坐飞机去南方出差，身边几个冒着风险出差的乘客都是做大客户销售的，可见与客户建立联系对销售人员有多么重要。而且，要想与客户建立关系，需要很高的情商，具体怎么做，我会在后面的章节详细讲解。

四、客户的体验

我们再回到拍卖那支圆珠笔的情境。虽然有人出价1500元，但是没有达到我的心理价位。我问在场的学员，如果是他们在卖这支笔，想卖更高的价格，要怎么做。

有人说，要讲故事，包装这支笔。我就开始给他们讲这支笔的来历。我生活在北京的海淀区，住在一所大学里面，住的房子到今年有整整70年的历史。那片房子是一些文化名人的故居，我们家住在一楼，二楼曾经住了一位著名的作家，写过《小橘灯》，她就是冰心奶奶。而且，对门住的是曾任民盟主席的学者费孝通老师。这支笔是冰心奶奶送给我奶奶留作纪念的。

当我说到这里，现场的学生们立刻开始投入竞拍。假设一位女同学花5000元竞拍到了这支笔，她会很高兴，拿到笔之后第一件事就是发朋友圈。但是她在发朋友圈之前，得对笔的真假进行鉴定。她可能要找一些历史照片，以及找一些专家进行鉴定。

如果鉴定结果是真的，那么双方的关系就搞好了，今后我有类似的拍卖，她很可能还会再来。如果她是我的客户，刚好欠我一点儿尾款，那么年底我跟她提出结尾款的时候，她大概率也不会为难我。

你会发现，客户有没有二次采购，是否愿意痛快地结尾款，有没有转介绍，不是单纯取决于客户对你的信任。因为客户找专家进行鉴定的过程，就是一个自我体验的过程。决定客户是否采购产品的第四个因素，是客户的体验。

在我拍卖之前，学员没有见到过我这支笔，所以他们对我这支笔有一个期望值。最后，体验值减去期望值，等于客户的满意度。这是客户关系管理中非常重要的一个公式。

在拍卖圆珠笔结束后，我的客户把5000元给了我，然后验证到这支笔被大人物用过，而且是冰心奶奶送给我奶奶留作纪念的，她发现我的承诺得到了兑现，她的体验值与期望值是相等的，相减之后等于0。

思考一下，这时客户的满意度是基本满意还是非常满意？很显然，因为满意度公式的答案是0，所以是基本满意，而基本满意的客户对于我和我的公司其实没有忠诚度。原因是她觉得你这么做是应该的，你就是这么承诺的。此外，只要你的对手让她更加满意，她就会离你而去。

所以，基本满意的客户，他的"退出壁垒"很低。所谓退出壁垒，就是客户离开我们的代价，也就是他要付出的成本。退出壁垒越高，客户越不容易离开。我们现在要思考的是，有没有筑起足够高的客户的退出壁垒。

第一种可能是，客户的体验值减去期望值等于0，客户基本满意。

第二种可能是，客户验证到商品是假的，比如，那支笔不是冰心奶奶送给我奶奶的纪念品，一文不值，那么她的体验值小于期望值，相减之后小于0。客户发现自己被骗了，有的人会恶语相向、拳脚交加，有的人会投诉退货，或者不交尾款。这种情况不是客户不讲信用，是销售人员不讲诚信在前。因此要注意，如果谈判初期你为了拿下单子，不断提升对方的期望值，承诺很多你根本做不到的事情，早晚都要自己买单。

关于这件事，会存在一些南北的文化差异。

我是北方人，长期生活在北京，但是我去珠三角、长三角讲课讲得特别多。接触久了以后，我深切体会到，南北方的文化差异实在是太大了。南方人谈生意喜欢喝茶，北方人谈生意喜欢喝酒，茶越喝越清醒，酒越喝越兴奋。

和南方人，尤其是广东人、福建人谈生意，喝茶时他们更清醒，会把能做到1的事情谨慎地承诺到0.5。而和北方人谈生意，一喝酒一兴奋，会把能做到1的事情说到10。等到兑现的时候，南方人兑现0.6，而北方人兑现了0.9，明明多兑现0.3但客户却说你不实在，因为你把他的期望值抬得太高了，这其实令你自己吃了哑巴亏。

从客户的角度来说，如果他们发现自己被骗了，今后就不会再有交易的机会了，于是产生了客户流失率。好事不出门，坏事传千里。现在社交媒体这么发达，他们都有朋友圈，很容易一瞬间就毁掉你的声誉。想要把这样的客户再挽救回来，是很困难的。

第三种可能是，那支本不起眼的圆珠笔，经验证后发现被大人物用过，购买的体验值远远超过期望值。客户突然得到自己想得到但出乎意料的东西，会非常满意、非常惊喜。如果我让你感到惊喜，今后如果有类似的拍卖会，你很可能争先恐后，如果你恰好欠了我一点儿尾款，大概率也不会拖欠太久。

而且有了惊喜的客户还喜欢到处分享，觉得自己占了便宜，喜欢到处跟别人炫耀。分享起到了转介绍的作用，惊喜能带来转介绍，口碑营销就出现了。现在很多行业中，都需要口碑营销。我们不是让客户简单地感到满意，而是要给予惊喜，让他带来转介绍。因此，决定客户采购的第四个因素，来自他们的体验。

五、客户的需求

除以上几个因素，还有一个最核心的因素——需求。如果客户没有需求，那其他四个因素便没有价值。

例如，你是卖水的，但我现在不需要喝水，没有这个需求，你用什么方法想要影响我都没有用。假设你是卖服装的，而我的衣服多得穿不过来，没有这个需求，那么你的产品价格、价值对我一点儿意义都没有。

第二节　满足"需要的"还是"想要的"

一、不要满足客户所有的需求

在销售谈判中，最核心的要素是客户的需求。那么，要不要满足客户所有的需求呢？我想，你的答案应该与我是一致的——不可能，也不要满足他所有的需求。因为客户的需求是无限的，而我们的资源是有限的。

在工作中，如果你不做客户需求层次的划分，可能导致一种失败的局面：你在他身上没少下功夫，也没少去拜访他，你可能多次请他吃饭、与他交流，但是他仍然不跟你合作，或者不把你的尾款结清。这就是你不知道要优先满足客户的哪些需求所造成的尴尬场面。

二、区分人们的"需要的"和"想要的"

在销售过程中，我们必须把客户的需求做层次上的划分。可以把需求分为两个层面，一个是需要的，另一个是想要的。这种划分方式非常特别，但是也非常清晰。

举例来说，什么是人们需要的？没有什么东西，人们就活不下去？答案是食物和水，这是人们生存的必需品。如果一个人不吃不喝，最多只能坚持7天，再久就无法维持生命了。

什么东西是人们想要的呢？是那些并非刚需但价格昂贵的东西，比如奢侈品。奢侈品也代表了人的一种欲望，它们是生活的非必需品，是人们生活中锦上添花的东西。

在销售谈判，尤其是在大客户销售谈判中，我们要优先满足客户需要的，还是想要的？

《消费心理学》中有一句话："想要了解客户怎么想，要先了解自己怎么想。"因为我们自己也是消费者，可以从自己身上去了解需要的与想要的，之后再推导到客户身上。给大家提一个建议：人这一辈子几十年，永远要先追求自己需要的，在此基础上再去追求自己想要的，这个过程绝不能反过来，不然你会痛苦不堪。

比如，同样是汽车，普通车和豪车，哪一个是需要的，哪一个是想要的？你的答案肯定是普通车是需要的，豪车是想要的。需要的车能起到代步工具的作用，年轻人买这种车成本低、压力小。相对而言，豪车代表人的一种欲望，它是奢侈品，因为它价格更昂贵。

假设有一天，你终于实现了自己的欲望，满足了自己的"想要"，买到了豪车，当你开上它以后，你大概能兴奋多长时间呢？

从参加工作到现在，我开过12辆车。我最兴奋的是开上第一辆车的时候。这辆车是捷达，价格是174000元。我那时只有二十四五岁，刚学会开车，有了自己的车真的很兴奋。后来我发现，换车的时候我并没有想象中那么兴奋，我的边际效益递减了。

我也问了很多学员，迄今为止，没有一个人说他开上奔驰能兴奋超过6个月。最多的说法是，他们开上豪车之后就不兴奋了，因为此时的欲望变得更强了，会想要买更好的车，甚至是直升机。人的欲望是无止境的。

再举一个例子。两居室90平方米的房子，是你需要的，还是想要的？200平方米的豪宅，是需要的，还是想要的？很多人没有想清楚自己的需求，拼命追求豪宅，当有一天你真正住进豪宅，你会发现你需要的根本不是豪宅，而是一个温馨和谐的家庭。

如果在追求豪宅的过程中，你没有经营好家庭，亲手把自己的家毁掉了，你一定会十分后悔。这些年经济飞速发展，有些城市的房价有很大涨幅，有的人即使手里有房子，也觉得自己是穷人，因为房子是刚需，无法置换成现金流。这就容易导致患得患失，内心充满焦虑。

我们现在来做一个练习，请你写出现阶段你自己的3个"需要的"和3个"想要的"。你可能很难写出来。我在讲课的时候带着学员做了这个练习。有的同学写的是"我需要睡眠""我需要假期""我需要陪孩子的时间"，有的人说，他想要的太多了。你会发现，"需要的"不好写，"想要的"却很多。

还有的同学说："我需要的是钱，我想要的也是钱。"那么钱是需要的，还是想要的呢？

这个问题很有意思，我们要把它量化和细分。

一个月赚5000元可能是你需要的，大多数城市中，如果没有房贷车贷的情况下，5000元是够用的。而一个月赚5万元，甚至50万元，就是你想要的，因为这是人们普遍的欲望。

在这个练习中，写出你的"需要的"和"想要的"，就能更清晰地为自己进行价值排序；深挖自己的"需要的"和"想要的"，才能让人生更有意义。

三、区分客户的"需要的"和"想要的"

什么是客户的"需要的"和"想要的"？

比如，在销售谈判中，产品价格最低，是客户需要的还是想要的？显然，价格最低是他想要的。因为没有客户为了追求价格最低，而牺牲产品质量。所以他需要的是性价比高，想要的才是价格最低。

接下来，满足合同的基本服务，是客户需要的还是想要的？这是客户需要的。

个性化的服务呢？这是客户想要的。厂家和销售如果要提供个性化的服务则需要付出更多的成本，那只是客户想要的，而不是他需要的，因此要排在基本服务的后面。

宽松的账额和账期、宽松的信用政策，是客户需要的还是想要的？一定是客户想要的。客户如果有需求，完全可以用现金结账，而应收账款是销售给自己挖的坑。习惯性的赊销，本来是可以不存在的，它会导致年底收款时，销售人员特别头疼。

还有一个问题，客户的公司采购你的产品时，他个人业绩的提升，是他需要的还是想要的？所有牵扯到客户个人利益的，都是他想要的。

作为销售人员，在面对客户时，你的诚实和你的诚信，哪个是客户需要的，哪个是客户想要的？

诚实就是有一说一，实事求是，在具体的销售环节中，诚实就是会告诉客户，自己的成本是多少，利润是多少——这么谈判，恐怕不太行。诚信就是答应客户的事情说到做到，做不到的事不轻易答应，但并不代表在销售谈判中，把底牌都交给对方。

在商业社会中，即使你把底牌交给了对方，他也不会相信。而你如果一见客户就交出自己的底牌，恐怕也是有问题的。从这个角度来说，你的诚信是客户需要的；你的诚实是客户想要的，对他来讲是奢侈品。记住这个口诀：在销售谈判中，永远要留底牌，无底牌无惊喜，无惊喜无转介绍，无转介绍无忠诚。

再举一个例子。一对刚刚结婚的夫妻在深圳生活，他们最需要的是房子。这时，如果给他们一套房子，他们会不会在乎大还是小？他们不在乎。即使是一个40平方米的房子，对他们而言也是雪中送炭。

当他们住进40平方米的房子，再给他们一个70平方米的房子，就不是雪中送炭了，只能算是锦上添花。不仅付出的成本高，还会激起他们更大的欲望，他们会想要100平方米、150平方米的房子，这就是人性的特点。

由此，可以得出一个结论：在销售谈判中，尤其是在大客户销售谈判中，我们要尽量满足客户需要的，少量满足客户想要的，只要比对手做得好，客户必然会采购我们的产品。

四、正确对待客户的"需要的"和"想要的"

接下来，我们看看行业中的案例。例如，中小学校服销售的主要客户群体为各中小学校，对接的是学校后勤部的工作人员，或者家委会的负责人。学生虽然是产品的使用者，但他们不是买单的人。学校后勤部的工作人员和家委会的负责人，他们需要的和想要的是什么呢？

第一，企业资质证书要齐全，要具备校服生产的条件和能力，校服各项检验指标达到相关的标准，并能出示相关检验报告，也就是要具备产品的基本价值。

第二，需要直接到学校给学生量体，提供方便的服务，按照合同约定的时间和数量交货，免费送货上门，售后服务也要好，这是客户的体验。

第三，校服尺寸要合身，面料质量要好，做工好无线头，这也属于基本价值。

第四，价格要适中。

以上这些，都是客户需要的。什么是客户想要的？

可能有很多：价格最低，款式时尚，质量达到名牌的标准；不支付定金或保证金，不满意可以全额退款退货，付款时根据返修率扣除一定的费用；企业规模大、知名度高，曾经有名校购买过该企业产品；提前交货；等等。

在这个案例中，客户需要的和想要的，可以区分得非常细致。而且这都是采购决策人需要的和想要的，与实际穿校服的学生没有关系。在客户采购的过程中，产品的使用者和采购的决策人可能会不同，要挖掘和区分决策人需要的和想要的。

再举一个教育培训行业的例子。

某教育培训行业的目标客户群体是本省的30万~50万户企业的财务会计，向财务会计提供财税类的培训服务和产品。客户需要的是学习财务税务知识，提升财税技能，找到财务岗位的晋升通道。客户想要的，是成为财税专家，跳槽，收入更高。

还有一个客户的学习目标，就是税务筹划。在合法的情况下，让企业的利润最大化。这一点其实是客户最需要的，也就是他们最大的痛点。既然交钱来学习，他们一定想要解决痛点。因此，作为教育培训的产品，要把客户最需要的东西找出来，作为重点内容进行培训。

再分享一个学员的例子。

我有一个学员，他们公司是做电器机柜销售的。他听了我的课，自己分析出了客户需要的和想要的：客户需要的是产品外观漂亮、性能良好、供货周期短；客户想要的是服务好，价格低（最好低于客户的预算），给他们的项目垫资、付款周期长。

我建议他，首先，要满足客户需要的。其次，在保证自己公司利润的前提下，可以在关系营销服务中提升客户的满意度。要注意，信用政策只是客户想要的，如果不能保证回款安全，一定要慎重提供。

有的同学听了我的课，总结出了很朴素的语言。他说："一日三餐荤素搭配是我需要的，顿顿山珍海味是我想要的。普通汽车是我需要的，豪华轿车是我想要的。"他表述得实实在在，轻松幽默，总结得也很到位。

人的欲望是无限的，管理好自己吃的欲望会有健康的身体；管理好客户的欲望，会在完成业绩的前提下减少公司的成本。当你对需要的和想要的有了区分以后，销售思路就会很清晰。现在，写出你的客户所有的"需要的"和"想要的"，然后把它们区分开来，以此来指导你的销售策略，一定会事半功倍。

表1-1 区分"需要的"和"想要的"

	需要的	想要的
采购者	性价比高、有服务的、品质质量、交期稳定、交付能力、诚信、产能、尊重、使用者满意、不超预算	价格低、回扣、附加服务、品牌
使用者	可用、能用、好用、操作简单、解决现实问题、质量稳定、服务及时、响应快、品质满足使用、使用安全、培训、售后服务	个性化服务、超预期的安全性、增值服务 品牌、解决全部问题、售后服务
技术把关者	质量、技术指标合格、选型、产品匹配度、参数、新技术、品牌、技术先进性	价值感、高效节能、售后服务、独特性、名人背书、创新亮点、规避风险、尊重、零不良率
决策者	靠谱稳定、交付能力、售后服务、品牌实力 满意度、安全、信任 达成目标和任务、性价比 团队不反对	惊喜、更满意、口碑、政绩 降本增效、高效产能、创造性 个人业绩、流程透明化

第三节　六步实现大客户销售全流程管控

作为销售人员，我们要一直以客户为中心，但同时，永远要把主动权掌握在自己手里。我们要对销售流程进行管控，根据经验总结，大客户销售的全流程管控包括以下六个步骤。

一、客户分析

销售流程的第一步，是要进行客户分析。

有的时候，我们满足了前面所说的采购心理要素，但发现客户并不买账，那是因为这个客户并不属于我们的目标客户。

因此，我们前期需要对客户的资料进行分析，包括对方的组织架构、人员构成、每个人的性格特点，我们对接的人员所扮演的角色以及他的背景。甚至，还要包括客户的预算和竞争对手的情况，这些都属于客户资料。当我们把握了这些客户资料以后，就可以进行下面的销售流程了。

二、建立关系

销售流程的第二步,是要与客户建立关系。这是一个长期的过程,尤其是与行业中的大客户、龙头企业建立关系,更是一个漫长的过程。当客户公司中对采购事宜有影响的人员不止一位时,更要花费我们大量的时间和精力,要通过努力,与涉及我们销售环节的客户方所有成员都建立良好的关系。

三、挖掘需求

销售流程的第三步,是要挖掘客户需求。请思考一下,你所用的谈判技巧是以自己说为主,还是以提问为主?挖掘对方的需求,当然是要以提问为主。而提问中有开放式的问题和封闭式的问题,以及追问的技巧。

这里还要涉及次序技术。次序技术是指在面对不同类型的客户时,交谈中要按照不同的次序采用"听""问""说"这三种技巧。

在销售的提问中,我们还要掌握顾问式销售技巧,也就是SPIN技术。SPIN技术中的S(Situation Question)是情况问题、状况询问;P(Problem Question)是难点问题、问题询问;I(Implication Question)是内含问题、暗示询问;N(Need-pay off Question)是需要回报的问题,需求确认询问。

四、呈现价值

销售流程的第四步,是要呈现我们产品的价值。当你将对方的需求挖掘出来后,再把你的产品呈现给他。

这里要注意一点,传统的快消品销售是第一步就把产品呈现给客户,没有前面三步的铺垫,这是不合适的。因为如果没有前面三步的铺垫,在呈现价值的过程中,你的附加价值是很难实现的。只有完成了铺垫,才能在呈现价值时,有比较好的结果。

五、获取承诺

销售流程的第五步,是获取客户的承诺。按照我们的方法,将产品呈现给客户,客户进行对比考量以后,我们要与客户谈判具体的价格和付款方式。

这一步,在销售中叫作获取承诺,其实就是签订合同的过程。价格、付款方式、信用政策,等等,都在这一步有所呈现。这个过程也需要我们有智慧、有技巧地进行。

六、回收货款

销售流程的第六步,是回收客户的货款。我们前面提到过,在使用产品和服务之后,客户的体验值与期望值的差,就是满意度。满意度将决定客户是否痛快地付款,也就是我们回收货款的过程。如果一切顺利，同时开始二次销售，就又进入了新一轮的销售闭环中。

当我们把以上整个流程都了解和梳理清楚以后，我们的脑海中就有了一个清晰的闭环。

全程信用管理

整个流程中，还有一个工作叫作CM，也就是Credit Management，中文叫作信用管理，即对客户的信用资料进行评估，给出科学的账额和账期，最后监控应收账款的回收。

信用管理伴随销售的全流程，帮助我们从根本上解决应收账款的问题。因为过去的问题是一笔钱收回来了，新的坏账又产生了，很不利于我们的经营发展。

销售全流程中，我们都在进行信用管理。信用管理的第一部分是资信管理，也就是刚才提到的客户分析，要对客户的资料和信息进行收集管理。

信用管理的第二部分是授信管理，也就是刚才提到的建立关系、挖掘需求、呈现价值和获取承诺。根据之前的资料评分，给出合理的账额和账期，不管账额是100万元还是120万元，账期是30天还是45天，这些都不是拍脑袋想出来的，而是经过科学测算而来的。

信用管理的第三部分是账款管理，也就是刚才提到的回收货款。这里的账款是指overdue，也就是逾期账款。

资信管理是事前管理，授信管理是事中管理，逾期账款管理是事后管理，以上这些管理过程，也可以叫作全程信用管理，它伴随着销售的全流程。

我们以往在销售过程中，可能前期抬高了对方的预期，导致最后客户的满意度降低，从而不会痛快地支付货款。也就是说，在以往的销售过程中，我们可能在某一个环节中给自己埋了雷，最后出现问题了，就成了客户不满意而不付账款或者延迟付账款的理由。

而信用管理是在埋钩子，在每一个环节中把钩子埋进去，要让对方在不同的环节中有惊喜，那么最后收款的时候，随便一拉钩子，就能把账款收回来。这就是销售全流程与全程信用管理的紧密结合，也是我们在研究销售谈判与回款过程中的一种创新实践。

案例思考

请思考两个问题。

第一个问题：如果我们是方案型销售，很多时候客户没有了解产品的价值，就开始讲价，如果想让客户真正认识到我们公司产品的价值，而不是过早开始还价，该怎么办？

你可能会想到，价格只是采购心理5个因素中的1/5，还有其他的因素。

我们的销售全流程6个步骤中，价格谈判也只是其中1/6。

所以，你不可能一开始就跟客户讲价格，而是要挖掘对方的需求。挖掘需求的前提是，你需要对客户的资料进行分析，包括他的预算情况和竞争对手的情况。挖掘需求之后，再把你的产品在适当的时候呈现出去，之后才是谈价格。所以，一定不是一开始就跟客户讲价。

第二个问题：如果我们为了成交，在设计阶段把方案介绍给客户时有些包装和夸大，结果在后期实施中，客户的体验值跟期望值有了出入，客户不满意，我们想挽救客户，要怎么办？

这种情况在销售中会经常遇到。当客户不满意时，你要做的第一件事是要给客户分析原因，解释清楚。如果确实是你当时夸大其词，要郑重地给客户道歉。

同时，你要了解客户实际的需求情况，将现有的方案进行匹配。后续如果需要我们做增值服务的话，可以跟客户谈。总之，在这样的情况下，你脑海中应该浮现出的是"体验值−期望值=满意度"这个公式。在客户基本满意、不满意和非常满意之间，做一个平衡。

02

销售布局"1+2+1"

第一节　客户内部的四种关键角色

一、了解四种关键角色

我们在销售的过程中，可能会遇到客户公司不同岗位的人。他们中的一些人是我们销售成功与否的关键角色。这一节，我们将对这些关键角色进行分析。

如果你已经入行几年了，可能有过类似的经历。比如，你可能花了好大的功夫获得了采购经理的支持，但到决策的时候，他却起不了多大作用。比如，财务主管说你们公司的财务系统好用，价格也合适，但到签合同时，突然出现一位副总，他还要看看系统兼容性再做决定。再比如，对方某个副总跟你说他支持你，这次合作一定没问题，结果最后他们老板又出来发表意见。

大客户销售充满了不确定性。影响决策的人都是谁，不确定；他们的影响力都有多大，也不确定。找错了进攻目标，不只浪费时间，还容易被竞争对手抢占了先机。销售人员的精力毕竟有限，想要有效推进项目促成合作，究竟该从哪儿入手呢？

如果你经历过几次投标,一定会发现,无论影响决策的人有多少个,总会存在这样四类角色,那就是使用者、采购者、技术把关者、最终决策者。

前两者很好理解,就是产品实际的使用人和采购项目的直接牵头人。技术把关者是站在技术层面上为产品质量把关的人。换句话说,就是由他来判断这个产品的性能、技术参数等是不是符合公司的需求。而最终决策者,就是那个拥有一票否决权的最高决策人。他可能是企业的老板,也可能是决策层的某位领导。

二、销售布局中的"1+2+1"模型

有点儿经验的销售人员都会先分析客户的组织架构,找到这四类角色到底都是谁,然后立即发起进攻,不给对手留机会。

但我建议,先别着急。关键角色有四个,你不可能同时联系,先找谁后找谁,你的精力怎么分配才最高效?跟你分享一个工具,叫作"1+2+1"模型。你可以把这个模型当作推进项目的抓手。

具体来说,要合理分配精力,有效推进项目,你得做好这三点:第一,发展"1"个向导;第二,跟"2"个关键角色建立关系;第三,做足销售该做的"1"件事。

三、发展"1"个向导

大客户销售充满不确定性,你可能连该去说服谁都不知道。你

绞尽脑汁找各种渠道打听，都不如直接找一个客户内部人员去咨询。因为跟外人相比，客户公司的员工一定是最了解自己公司情况的，也更有可能获得跟合作相关的核心信息。

在客户内部发展一个向导，这个做法在很多培训教材里都提到过。大部分教材把这类人叫作教练，是从英文coach翻译过来的。我更愿意把他称为向导，因为他不仅可以提供客户内部信息，更能为你指明推进项目的方向。

向导都能起什么作用呢？他能在公司里做你的眼睛和耳朵。如果你能把四个关键角色之一发展成自己的向导，那他对于推动合作一定能起到很大的作用。其实客户公司的每个人都能当向导，不一定非得是直接跟项目相关的人。

通常销售最先接触到的就是一些基层的工作人员。但你千万别小瞧他，虽然他不能直接帮你推进合作，但他在公司内部听到、看到、打听到的信息，都可能辅助你做出战略调整，间接推动项目。

比如，他可能听说是谁主导这次采购；谁支持你，谁不支持你；公司有什么战略调整，对这次采购有什么影响。他可能看到谁跟哪个供应商关系比较密切；他还可能打听到关于这次采购，谁的影响力更大，每个决策人的脾气秉性、喜好憎恶是什么。随便哪一条信息，都能帮你在做方案的时候更有针对性，更容易在推进项目的时候找到重点。

别以为跟项目无关的向导，就只能帮你探听点儿消息，他还可能把你引荐给你原本见不到的关键角色。因为越是跟项目无关的人，越方便帮你引荐。他跟这次合作没有直接的利益关系，就不涉及太多需要避嫌的问题，大可以从业务的角度，大方地引荐介绍。

向导有这么大的作用，那什么样的人更容易被发展成为向导呢？

首选一定是熟人，因为原本已经有一定关系基础的人，更容易建立紧密的关系。但肯定不是每个客户内部都有你的熟人，那么一定要选距离成交更近的人。就是说，这个人在决策过程中影响力更大。前面说的四类关键角色，一定离成交更近。如果你同时能接触到采购者和技术把关者，那一定要把采购者发展为向导。因为他的工作贯穿整个决策过程，他能发挥更大的作用。

但其实在大多数情况下，销售都接触不到核心人物，那该发展谁做向导呢？就选一个跟你价值观相近的人。因为跟这样的人沟通会更顺畅，你们也更容易有共同话题，帮助你拉近距离，建立紧密的关系。

四、跟"2"个关键角色建立关系

光有向导肯定还不够，我们还得获得关键角色的支持，才有可能促成合作。我的经验是，决策过程中有四类角色，你只要获得任意两个角色的认可，这个合作就有戏。这两个角色有可能是两个部门的负责人，也有可能就是两个部门。

你可能会想："如果我能找准那个最终决策者，集中时间和精力来攻克他，是不是最高效的推进方式？"

放在过去也许可以，但是现在真的就不太行了。过去企业老板一言堂的情况很常见，但现在这种情况已经越来越少，特别是在面对大额采购的时候，老板也会多听听下属的意见。如果这个最终决策者不是老板，而是企业高管，那他就更不可能独自选定某个供应商，因为他需要分担决策风险，也要考虑避嫌的问题。

你可能会想："如果我先专注攻克一个角色呢？哪怕他不是最终决策者？"

专注攻克一个不是最终决策者的角色，这里边的风险就更大了。首先，一般做到部门负责人位子的人都会比较在意避嫌。即使你私下获得了他的支持，他也不太可能非常旗帜鲜明地在公司内部支持你。本来影响决策的就有4个人，有一个支持你，还不能大张旗鼓地表示出来，那么对于推进合作的作用就不会很大。

另外，我们知道谈成一个大客户通常周期会比较长，有可能几个月，甚至半年。在这段时间里，如果客户内部人员发生变动，支持你的那个人调岗了，那你就很被动了。更重要的是如果你只把宝押在一个人身上，那你不免要跟这个人有深入的交流，因为他是你拿下这个项目的唯一战友。

这个过程中，你就很可能把自己的底牌和盘托出。我们知道大客户竞争激烈，万一碰到这个客户是竞争对手的自己人，那你就相当于把自己的老底儿都透露给了竞争对手，再想赢得这场比赛，就难了。

你可能会想："只争取到一个角色的支持有风险，那我是不是多花点儿心思，把这几个关键角色都拿下，这个合作就十拿九稳了？"

理论上是，但执行起来不太现实。客户不是你想见就能见到的，你得提前预约。级别越高的领导，想见一面越是不容易。想要跟他们建立关系，那就不是见一次两次面的事，你得花费大量的时间和精力。

对销售来说，不太可能跟每个人都搞好关系。所以，任选两个人就比较合适。两个人分担了一个人的风险，即使有人调岗，还能有一个人帮你推进项目。获得两个人的支持，还能在决策中占据一半的话语权，可以让他们的决策向有利于你的方向推进。

五、做足销售该做的"1"件事

发展了向导，也获得了两位关键角色的支持，按理说拿下客户问题就不大了。确实，我早期在线下培训的时候讲的就是"1+2"模型。但有学员反映，在实际操作的时候，按照这个模型推进，还是有可能丢单。

我发现，一般这个时候，销售会有各种各样的理由来推脱责任。比如，他们会说："市场部定的价格不合理，我拿这样的价格根本打动不了客户。"或者说："客户跟那个供应商合作好几年了，关系好得就差穿一条裤子了，这我怎么插得进去？"

这些借口听着好像挺合理，但优秀的大客户销售一定不会给自己找借口。因为拿下大单本就是个困难重重的过程，销售只有见山开山，遇水搭桥，才有可能达成合作。

比如，你说产品价格高，那价格高一定有高的道理，是不是你的产品有竞争对手没有的功能？你有没有让客户意识到产品的价值？再比如，你说客户跟老供应商关系好，那既然关系好，为什么还要公开招标？真的只是走个过场吗，还是你遗漏了一些重要信息？

所以后来，我把"销售自己"加入了这个模型，作为"1+2+1"

模型里的最后一个"1",这样这个模型就闭环了,如表2-1所示。如果把大客户销售比作一场战役,那销售人员一定既是军师也是将军,既要把控全局,也要冲在一线。

我还设计了一个销售工作自检表,帮助你查看自己是不是在每个环节都做了你该做的努力。比如,在建立关系环节,你是不是发展了向导?在后边每个环节,你从向导那儿获得了什么信息?你是否让他推动了项目,等等。这些都可以通过这个表格,来帮你自检,如表2-2所示。

表2-1 "1+2+1"模式

产品		销售/回款金额
1向导	2个关键角色	1销售自己
距离成交近的人/与自己价值观近的人	采购者/使用者	修炼自己
	技术把关者/最终决策者	

表2-2 销售工作自检表

大客户销售六步骤 \ 跟踪情况	1向导跟踪情况	2个关键角色跟踪情况	1销售自己跟踪情况	跟踪时间跟踪情况
客户分析				
建立关系				
挖掘需求				
呈现价值				
获取承诺				
回收货款				

说明:
1. 选择与"1+2+1"吻合的项目跟踪。
2. 对应销售六步骤的每个阶段来填写,总结每个阶段的核心,判断机会大小,决定是否跟进。
3. 认定所跟踪项目的完成,以收到项目的第一笔回款为准。

综上所述，攻克大客户时想要少走弯路，你可以用"1+2+1"模型来推进项目。第一，发展"1"个向导，获得内部信息，找到合作的突破口；第二，获得"2"个关键角色的支持，占据合作的话语权；第三，做足销售该做的"1"件事，把控总体进程。

第二节 如何在客户内部发展向导

一、向导在销售中的重要作用

我们在销售中，可以适当使用"1+2+1"模型。这个模型能帮你在冗长的销售链条中抓住关键角色。

这里面的第一个"1"，指的就是向导。向导，就相当于你在客户内部的自己人。当你卡在某一个节点的时候，如果有向导，你或许就能快速找到破局点，缩短销售流程。比如，向导也许会告诉你没能成单的原因：是领导有疑问，还是技术人员对产品不满意；是竞争对手攻势太强，还是方案需要修改；等等。有人指点，总能让你少走弯路。

二、谁适合做向导

那么，谁更适合被我们发展为向导呢？

筛选向导有两个标准，一个是找离成交更近的人，另一个是找和自己价值观近的人。但我知道，绝大多数销售人员都没有那么多的人选。毕竟是从零开始开发的客户，认识的人可能就只有采购人员、技术把关人、决策人这几个相关角色。

怎么办呢？很多"聪明"的销售人员都会选择从高层切入，比如，通过公司领导联系决策人，直接获取一手信息。这确实是个捷径，但是这个捷径也很难找。如果没有资源，就一点儿办法也没有。

对于大多数销售人员来说，有没有什么发展向导的好办法呢？以我的经验来看，如果你只认识或只能接触到这几个角色也没关系，他们一样有可能成为你的向导。其中，使用者和采购人员，最适合作为向导的人选。下面我们就展开说说为什么，以及如何把他们发展为向导。

先说说为什么使用者适合做向导。前面我们说过，使用者是信息传递的结构洞[1]，也是一个开发二次销售的需求库，这都是作为向导的有利条件。

除此之外，使用者还有一个明显的优势，就是相对中立。为了避嫌，采购人员、决策人都很少会旗帜鲜明地表达自己的支持，但使用者不一样，他可以从自己的使用经历出发，明确选择支持某款产品或反对某款产品。

那为什么采购人员也适合做向导呢？让采购做向导确实不容

---

[1] 结构洞理论是人际网络理论大家庭中的新成员，它强调人际网络中存在的结构洞可以为处于该位置的组织和个人带来信息和其他资源上的优势。该理论于1992年，由美国人伯特在《结构洞：竞争的社会结构》一书中提出。

易,他们一般都会在几家供应商之间做权衡和筛选。但是你要知道,采购人员是订单的发起者,有任何相关消息他是第一个知道的,所以虽然难,但绝对值得一试。

为什么技术把关者不适合呢?最主要的原因是技术把关者只负责最后把关,不参与筛选过程,所以你很难跟他有直接的接触。

三、如何发展向导

接下来我们讲如何把使用者和采购人员发展为向导。我的建议是分两步走。

发展向导的第一步:找准情绪点,利用情绪拉近关系。一说到关系,很多人都会直接想到送礼、请客吃饭这类搞关系的方式。但在我看来,如果你能抓准对方的情绪点,给予对方恰到好处的反馈,就能拉近你们之间的关系。关系近了,你就能比别人更早获得信息。

我们先看使用者。你可能会想,我们不是要跟他聊需求吗?能有什么情绪呢?没错,就是要聊需求,但是别忘了,截至你们聊天之时,他的需求还没有得到满足,这就是他的情绪点。

一个订单,对采购人员来说,只是一个需求而已,这一单可能只是他全部工作内容的10%。但对使用者来说,这影响的是他100%的工作。当设备用着不顺手的时候,当效率提不上去的时候,当业绩完不成的时候,当挨领导批评的时候,使用者一定是有情绪的。

使用者是最急于解决问题的人。当问题得不到解决时,他的情绪就需要一个出口。所以,当发现对方有类似情绪的时候,你可以给他机会,让他发泄出来,并且表示真诚的理解。

那么,采购人员的情绪点在哪儿呢?相对于使用者,采购人员是更理性的。但理性不代表没有情绪。当对在意的事情的期待得不到满足时,人都会有情绪,而且越在意,情绪就越激烈。采购人员也一样。

采购人员最在意的是什么?是采购之后,供应商的承诺能不能都兑现;产品会不会出问题;订单履行之后,公司和同事的反馈如何。针对这些顾虑,你要在一开始就提供足够的证据,帮他消除顾虑。

比如,关于产品质量的所有参数、数据、证明,都提前准备好并向对方讲清楚;过往你的产品是如何帮其他客户解决问题的,用事实告诉对方,你会履行所有承诺;尤其是以往客户的好评,一定要让采购人员知道,告诉他,这样的好评他未来可能也会收到。如果他对你们合作的预期是安心的、积极的、充满期待的,你们的关系就会更进一步。

发展向导的第二步:跳过关系,直接推进。我们都知道,关系这件事还是要看缘分的。有的时候无论你怎样努力,两个人就是合不来,无法建立更进一步的关系。

这时我们不妨换个思路。我们拉近关系是为了培养向导。培养向导是为了获取信息,以及最重要的——让向导帮我们引荐关键角色。那么,如果我们能直接促成引荐,就可以跳过关系这一步,从培养情感上的向导，转为培养行动上的向导。

具体怎么做呢？很多时候，我们直接要求引荐，对方会拒绝，至少会犹豫，因为他不知道你会跟被引荐的人说什么，会不会对他产生负面影响。这时，如果你告诉他你会问什么，而且这个问题只有特定角色才能回答，他就没理由拒绝你了。

例如，你面对的是采购人员，希望他帮你引荐最终决策人，他一定会说："我们来沟通也是一样的，现在没必要找他。"

但如果你说："我想问一下，这一次采购是为了服务于今年的销售额，还是明年的销售预期？从决策的角度来讲，一般企业都会有一个三年规划、五年规划，咱们的规划是怎么样的？这一次采购是为了完成一年的、三年的，还是五年的规划？如果有这些信息的话，我可以提供更详细的方案。"这些问题采购可回答不了，说不定就会约决策人跟你见一面。

如果你希望对方帮你引荐使用者，那你就可以问只有使用者知道的专业问题，比如："之前用的产品一般在哪一个操作环节出问题？""这些问题是否有触发条件？""理想的操作情况是什么样的？"

使用者相对好约一些，一般来讲，你问出类似的问题，对方就会说："我约他出来，具体问题你们自己聊吧。"

在这个步骤里，虽然我们没有拉近跟对方的关系，但我们通过调整沟通技巧，同样达到了让对方帮我们引荐关键角色的目的。

再提醒一句，当你让对方帮你引荐的时候，一定要记得跟进他的进度。如果对方说："这件事包在我身上，下周等我消息吧。"你不能乖乖等到下周五才去问:"为什么还没有帮我约见面?"

因为即使对方答应了,也有可能是敷衍你,就算当时不是敷衍,他也没有足够的动力主动帮你推进这件事。所以你一定要在约定的时间之前,分2~3次去提醒对方,跟踪进度。对方感受到你的认真,才会认真对待你的请求。

综上所述,如何在客户内部培养自己的向导?首先,相对于其他角色来说,使用者和采购人员更适合做向导,可以重点培养。其次,培养的技巧有两个:一个是利用对方的情绪拉近关系,让他成为"自己人";另一个是用提问技巧让对方引荐关键角色,直接发挥向导的作用。

03

降龙伏虎　建立关系

在销售谈判与回款谈判中，我们可能会遇到过这样的情景：客户的经办人员答应帮你引荐上级领导，但是一直拖着不引荐。或者，找客户收款的过程中，他说他这边已经签字了，但下一个环节的负责人还没有签字，回款流程无法推进。

还有一种情况，我们跟对方谈好了，客户答应了这笔交易，却一直拖着不办。还有可能，我们终于见到了对方的决策人，可是他气场特别强，我们作为年轻人，不知道如何跟他打交道。遇到这些情况时，该怎么办？

接下来，我来集中解决这些痛点。这一部分的内容，属于应用心理学的范畴，相信很多读者都对心理学很有兴趣，因为在实际工作中，销售就是人和人之间打交道。销售的时候要接触很多人，收款的时候也要接触很多人，所以我们要对人性有所了解，需要掌握很多的知识，积累很多的经验。我们这个章节叫作降龙伏虎，主要讲谈判中4种常见客户的类型，分析他们的特征，以及应对他们的方法。

请思考一个经典的销售问题。"在销售谈判中，面对棘手的对手，较好的办法是，先做些微小的让步，以换取对方的善意。"请问，这句话是对还是错？

你要学会在面对复杂的谈判问题时，先抓关键词。这里的关键词，是"棘手的"。设想一下，销售谈判中，什么样的对手被称为"棘手的"？他具备什么个人特征？

第一，他的谈判能力很强，至少不比你我差。

第二，整个谈判的情境，对我们不利。

在这种情况下，你率先做出微小的让步，一定能换得善意吗？不一定。有时候，你得来的往往不是善意，而是对方的得寸进尺和变本加厉。所以，必须区分不同的谈判对手，因人而异地采取不同策略。

现在社会风气不断变好，随着产品销售标的越来越大、销售决策过程越来越长，我们的客户，尤其是大客户，在决定是否采购我们公司的产品时，往往是许多人来做决定的。

原因很简单，所谓"一人为私，二人为公，三人为大公"。集体参与采购决策，其中个人所承担的风险是最小的。

我们作为销售人员，面对一个人进行销售谈判，和面对一群人进行销售谈判，哪一种情况更难？显而易见，面对一群人更难，因为他们众口难调。这时，如果你面对一群人中的不同角色、不同个性、不同背景的人，都讲一样的话，是很难销售成功的。必须面对不同个性的人讲不同的话。如果你不知道对方是什么样的个性，怎么办？

要找到方法和工具。我把自己过往十几年里所有遇到的客户类型，以比喻的方式，提炼为四种动物，分别是鹰、羊、狐和驴。其他客户，也都是这4类人的复合体。你先要掌握每一类客户的特点，然后再去识别他们的复合体。

第一节 "鹰"型客户的特征与应对技巧

请尝试一个很好的学习方式：在学到哪一种客户类型的时候，你要把自己想象成他这种类型，要让自己进入这种场景里，想到谁就在内心中扮演成谁。当你内心有"鹰"的时候，你就可以从容地跟"鹰"打交道。

接下来，我们先来了解鹰型客户。

特征一：强势、果断、霸道

现在我们想想，鹰型客户在谈判中有哪些特点？第一个特征就是强势、果断、霸道。

你现在不妨抬头看向天花板，在脑海中慢慢搜索一下，你目前在大客户销售和回款过程中，哪些客户属于鹰型？把他的名字在脑海中过一下。甚至可以想一想，你自己的公司中，谁是属于鹰型的？谁是强势、果断、霸道的？

我相信，大多数销售人员都接触过鹰型的人。而且，你所接触的这些鹰型客户，一般在他所在公司中扮演的角色都是领导，是一把手、决策人。

我曾经给一些高管讲课。在由他们组成的班级里，我发现一个规律：一个人只要在企业中做到高管，做到决策人的位置，他的身上一般都有鹰的特点。这些高管性格中鹰的特性并不是天生的，而是后天生成的。

他们告诉我，这种性格是在职场中被逼出来的。甚至有的人说："我现在在职场里看似很成功，也很具有领导力了，但我却变成了自己不喜欢的样子。"他说自己原来不是这样，是职场中的位置决定了他的性格必须变成这样。

例如，有个学员说，他原来是在一线做销售的，几个同事之间都是兄弟相称，大家一起跑业务，一起撸串、喝酒，一起打牌，玩得不错。但是现在，这个学员做了销售经理，成了兄弟之中的管理者，他不知道自己要不要跟手下的销售人员打成一片。

关于这个问题我给了他一个参考的工具，是我提炼的一种经验。销售经理作为管理者，可以跟手下的销售员打成一片，但前提是，在需要坚持原则的时候，能够跟手下翻脸。如果为了和手下打成一片，变成烂好人，连公司的基本原则都不能坚持，那不如干脆保持距离。会翻脸是一种能力，在没有掌握这个能力之前，建议保持距离。

有一个工具叫作强势领导力。领导力，不只是带领团队的能力。

作为销售人员，处理客户关系、整合上游资源等，这些对别人产生的影响力，都算是个人领导力。也就是说，能够影响客户，达成自己目标的能力，就是你的个人领导力。

强势领导力，更多的是指带领销售团队完成销售目标的能力。如果你把握了强势领导力的公式，你的业绩一定会做得很好。不管你带领的是几个销售人员，还是几十个销售人员，要想在他们面前具有强势领导力，首先你要充满力量。当你展现出力量时，会赢得手下人对你的尊重。如果他们尊重你，你的团队就会有严明的纪律，于是就会产生执行力。

但是在现实中，有可能你的团队是一盘散沙。作为销售经理和销售管理者，你对手下的人发号施令，他们全然不听，执行力特别差。如果是这样，我很遗憾地告诉你，他们根本就不尊重你。因为你在他们面前缺乏力量。

如何让自己变得强势

怎么做才能有力量，赢得手下的尊重呢？你要在下属面前表现出一定的强势、果断，甚至要有一点儿霸道和不讲理。这样，你的力量就展示出来了。

什么是强势？举一个恺撒的例子。

公元前52年，恺撒带领4万罗马士兵，打败了25万高卢人（高卢人是法国人的祖先），这一仗记入了战争史册。赢得这场战争以后，恺撒本想回到罗马，结果执掌权力的元老院要求他在过一条河之前卸掉兵权。恺撒认为这里有阴谋，拒绝交出兵权。元老院以此告他谋反，请出了已经退休的历史名将庞培，以三倍于恺撒的军力开战。

结果，在恺撒的强势领导下，他的部队依然以少胜多，打败了庞培。庞培一路落跑到埃及，在那里被毒死。恺撒回到罗马以后，就成了首席执政官。后来，有一次他到埃及去巡查，发生了历史上非常有名的一幕：当时世界著名的埃及艳后为了保全自己，保全整个埃及，做了恺撒的女人，并且和他生了一个儿子。

当恺撒在罗马倡导变革的时候，损害了元老院的利益，元老院派人刺杀了恺撒。恺撒死后，整个罗马世界为了纪念他对罗马的贡献和功绩，就以他的拉丁文名字Julius命名了英文中的7月，后来演变为现在的July。可见恺撒在罗马的世界中，是一个多么重要的人物。

有句话，相传出自恺撒之口："我来，我看，我征服。"可见他是多么强势。你如果在销售过程中，用"我来，我看，我征服"这句话给自己加油打气，看见哪个大客户就必须把他攻下，看见哪笔应收账款就必须把它收回来，有这种自信和强势的个性，一定无往不利。

怎么做才能有强势呢？要把握以下三点。

第一，要学会断言。当你说完一句话以后，不必解释，解释越少越显得果断。

比如，我们带领销售团队时说："就这么办了，往前冲，把钱收回来。"没有犹豫，没有解释，这就是断言。我们需要有一些这样的口头禅。

我最喜欢说的一句话："车到山前必有路，船到桥头自然直。"任何事情都积极乐观地去面对，一定会有办法。刚才我们讲到的恺撒，他在面对庞培三倍于他的军力围剿时，曾经对士兵们喊出一句话："今天你们是否愿意跟我一起战斗？"这就是一种毅力，毋庸置疑，他的士兵们都说愿意一起拼杀。

第二，要重复。有了断言，还要把断言一遍遍地重复，刻在听者的脑海中。回想一下我们之前讲的内容。有些道理，你知道是一回事，做到是另外一回事，中间可能缺了工具和方法论。如今，你可以把我教给你的工具、方法论不断地重复，将简单的动作练到极致。

销售谈判技巧，不求复杂，销售谈判，熟能生巧。就像游泳，来来回回，怎么摆臂，怎么打腿，上万次、几十万次地重复，才能学会。打高尔夫球，一次次地挥杆，把握落点、力度、角度，一次次地重复，才能成为高手。羽毛球、乒乓球……所有的运动要想精进，都要一遍遍地重复练习。所以，塑造你的强势形象，提升你的影响力时，也要不断地重复。

第三，要造势。当你说完一件事时，作为销售管理者，你的团队中得有托儿，有自己的人，他得呼应。不能是你一个人在喊"冲啊"，那样就成了孤军奋战的堂吉诃德。一个好汉三个帮，你的团队中要有支持你的人，要进行团队协作。

总的来看，鹰型人的特点是强势、果断、霸道，高管和老板身上都有鹰的特点，是在职场中被逼出来的。带领一个团队，要具备强势领导力，要充满力量，才能在团队中赢得尊重。团队有了纪律，才会有执行力。要做到强势，方法是断言、重复和传染。

应对技巧：调整好状态

当鹰型客户表现出强势、果断、霸道的特征时，我们到底要怎么去跟鹰型的客户打交道呢？鹰是非常难搞定的人，但是他很重要，因为他是决策人。而且，你搞定他这一个人，等于搞定了一群人，所以，我们需要掌握跟他打交道的方法。

销售中的沟通和谈判是有区别的。比如，我问你是哪里人，你说自己是湖南人。我跟你聊起湖南人吃辣和四川人吃辣的区别，你可能会给我推湖南菜。那么，这是谈判还是沟通？这是沟通。沟通的特征是建立在双方平等的基础上，互相交换信息，交流一点儿彼此想知道但不知道的事。而谈判则不然。谈判一定要追求自己所代表的群体利益的最大化，关注结果。

当面对的客户是鹰型决策人时，你一定觉得他不容易沟通，跟他沟通的时候你会紧张、压抑、忐忑不安。对方可能面无表情，或者不说话、表情很难看。对方的年龄可能在四五十岁以上，位高权重，至少是事业部的总监或者是副总裁，甚至是总裁。

当领导的，气场肯定强大，你在他面前一坐下，就会开始紧张。你可能希望谈判尽快结束，可以得到放松。但是，与这种人见面的机会很难得，所以在短短的面谈时间里，你一定要完成自救。

跟你分享一个工具，关键时刻能帮你走出心理困境。这个工具就是，要想明白一件事：鹰型人这样对待你，不是针对你。他不仅对你这样，对别人也这样。

可以听听他手下的人对鹰型老板和决策人的评价，你的心里就平衡了。他们的心里话可能是："我这个鹰型的老板不近人情。""我这个鹰型的老板情商很低。""我这个鹰型的老板，不骂人的时候就是夸人了。"想明白这一点，有助于你调整好心态。

做销售需要坚持再坚持，但也要学会变通。尤其是搞技术出身、专业性强的人做销售，更要学会变通。改变不了客户，就要学会改变自己的状态。

特征二：分析能力强

鹰型客户的第二个特征，分析能力强。分析能力强的人，左脑很发达，在中学阶段他们的理科应该学得很好。在谈判中，他们对数字、对钱很敏感，相应地，他们往往对于情感、对人不敏感。

在销售谈判中，面对鹰型决策人，友谊型销售不起作用。什么是友谊型销售？跟对方打感情牌，见面套近乎，比如，跟客户说"咱俩有缘""咱俩是老乡""咱俩是校友"，等等。这种套近乎的方法对别人有用，但对"鹰"型客户不仅没用，可能还会引起他的反感。你一说套近乎的话，他心里马上就警觉了，他可能会想："你这么说什么意思？咱俩是校友，难道我在学校的什么不好的事你都知道？"拉近距离，反倒会令他排斥你。

通常，鹰型客户的心理是："你跟我套近乎，那你肯定没有真本事，你的产品不行。"谈判中要注意，跟对方电话沟通，还没见面之前，无法判断对方是不是鹰型人的时候，如果你已经了解到他跟你是同乡，一定要把那句"咱俩是老乡"的话咽回去。因为这样表达出来，如果遇到鹰型客户，有害无利。

应对技巧：利用数据和事实

跟理性的鹰型客户打交道，要记住以下的工具和方法。

首先，要用数据和事实说话。

请读者思考一下，为了说服鹰型人，你所用的数据，要优先使用历史数据还是未来的数据？如果使用未来的数据，一开始就给他画一个美好的蓝图，给他画一个大饼，他会觉得你很浮夸、很虚，他会认为你是在忽悠他，不会相信你。

要令他信服，请优先使用可以验证的历史数据。可以验证是指他可以通过他的渠道进行验证。比如，你的公司以前做过一些行业标杆的案例，呈现给他，让他眼见为实。或者，你们母公司下面分公司的某一个项目比较出彩，也呈现给他。这就非常有说服力。

特征三：聊天喜好独特

在拜访鹰型客户之前，要做好知识储备，根据他的背景做调查，这也是我前面章节讲到的大客户销售中的第一步：客户分析。

我有一个小小的建议，作为销售人员，有一些观点和话题，你自己喜不喜欢不重要，关键是客户喜欢。客户的关键人物，级别越高，越不怎么聊产品。面对基层的采购、技术，我们把产品都聊完了，到了与决策人面谈时，他往往会聊自己的喜好。不管对方聊什么，我们作为销售人员，为了能延续与客户之间的交流，必须接得住话茬。

在日常的生活中，鹰型客户聊天的第一个喜好是谍战悬疑等题材的影视剧，比如，《暗算》《潜伏》《神探狄仁杰》，等等。所以，跟这些客户打交道，除了产品本身，可以多聊这种题材的影视剧，以投其所好。

鹰型客户聊天的第二个喜好是历史。比如，有的人喜欢聊明史，他可能会跟你聊《万历十五年》这本书。作为销售的谈资，你要大概知道一点儿它的内容。这本书里讲了3个悲剧性的人物。

第一个悲剧人物是行政官员张居正。他在死后被他的学生刨开了坟墓，儿子也都惨死了。他的学生就是第二个悲剧人物——万历皇帝。他想让自己喜欢的一个孩子做太子，大臣们不同意，所以他不开心，就以一辈子不上朝的方式来抗争。他死了二十几年以后，明朝就灭亡了。第三个悲剧人物是武将戚继光，抗击倭寇的名将。大概在1550年，有一群倭寇包围了南京城，杀掉了几千人。对方只有不到100个倭寇，而我们的守军有几万人，可见那时明朝的战斗力有多差。于是，戚继光发明了鸳鸯阵法，并且将河北一带原来的长城进行了修复，所以现在我们看到的长城几乎都是明长城。当年，张居正失去势力以后，戚继光也受到牵连，最后抑郁而死。

你只要对明史有这些了解，就能与喜欢历史的鹰型客户有话可说。看宫廷剧也能学点儿野史。宫廷剧其实只可以娱乐，并不真实。因为其中大量的对话都没有实际的根据，古代也没有录音，完全是编剧想出来的。但是，你看宫廷剧可以对各个朝代有一点儿初步的了解，遇到喜欢聊历史的鹰型客户，能跟他们简单地聊几句。

鹰型客户聊天的第三个喜好是文化。

你需要了解中西方的文化差异。比如，你是做外贸的，你会感受到外国客户和中国客户的区别。通常，外国人说话较简单，比较直接。

中西方的沟通有些差异。我们中国人受文化影响，说话不会太直接。当你问客户买不买你的产品，或者结不结尾款的时候，客户不会直接回答你，他的表情会让你无法确定真正的答案。如果你猜不明白他背后的潜台词，就没办法跟他继续打交道。西方人则较为直接，比如，德国人的沟通比较简单。德国人A跟德国人B说"我喜欢你"，德国人B可能会跟A说"我不喜欢你"，他们的沟通就结束了。

假如你面对的鹰型客户喜欢聊文化，你要用相应的知识储备积极地回应对方。

特征四：真实

鹰型客户其实还有一个最有代表性的特征，就是真实。

我发现，人生这一辈子的几十年中，读书阶段的人是最真实的。因为读书阶段，没有实质性的利益冲突，人相对比较简单。那时只需要读书，不用为生计考虑太多，也没有孩子，没有其他的家庭负担。

而大多数人，在参加工作一年以后就变得复杂了。因为刚参加工作时，人是单纯的、傻傻的，经常掉进老江湖挖的坑里，出于自我保护的原因，人就变得复杂了。

但是，当一个人做到企业高管、决策人、领导的位置上，一过40岁，他就又开始变得真实。有这样两个原因。

一是，人过了40岁以后，身体开始走向衰退，机能上会出现一些问题，记忆力会减退。所以只有说真话，才不必回头想自己说过什么、没说过什么。

二是，一个人过了40岁，已经做到大企业的高管和决策人，成了职场中的精英，他足够自信，甚至自负，根本不屑于跟我们撒谎。有些话他不会说出来，但一般他说出来的话，都是真的。

我们总是要见到客户的决策人。如果你总是跟基层的采购人员打成一片，没有太大用。前期需要做这些努力，但是后期如果不见到对方的决策人，他不签字，你也拿不下大的销售单，回款也收不回来。

当你千辛万苦，有机会见到鹰型的决策人时，一般他给你的面谈时间大概只有几分钟。在这几分钟时间里，你作为销售人员，怎样表现才能赢得对方的尊重呢？你是表现得软一点儿，还是表现得跟他一样有原则？这时，千万不能软。因为"鹰"的价值观是"我的东西好，我敢坚持；你软，恰恰说明你的东西不行"。他会认为你跟他不对等，而对等才能有尊严。

电影《老炮儿》中，冯小刚扮演的男主角作为一个父亲，为了儿子跟几十个社会人员拼杀。他去的时候知道自己打不过对方，但他为了维护尊严，表现得很硬气。结果他死了，但也赢得了对方的尊重。面对他人不卑不亢，是为了维护自己的尊严。

应对关键技巧：做到职业化

面对鹰型客户，销售人员体现出自己的职业化是推进合作的关键部分。接下来，我们从三个方面来讲解。

相信"相信的力量"

第一，要做到：相信"相信的力量"。

我曾给一家世界百强企业做培训，讲大客户销售技巧，同时给技术人员讲商务谈判的方法，因为他们也要参与到与客户的谈判当中。接触多了，跟他们熟悉了，私下里有技术人员跟我说："其实我们公司产品的质量一般。"但事实上，他们的产品在国内的整个行业里都是不错的，在世界范围内也不错。

我发现，搞技术服务出身的人，总是觉得自己的产品有瑕疵。可是我们做销售的人，要永远觉得自己的产品是世界上最好的。人只有先说服自己，才能去说服别人。如果你自己都不相信你的产品，怎么去说服别人，让别人相信呢？

销售人员要相信自己的公司、自己的产品和自己身边的人，这是相信"相信的力量"。如果你怀疑自己的产品，那么在跟客户进行谈判时，你一定没有一种坚定的眼神，对方很容易识别出你的心虚和你对产品的不自信。这时在他心目中，你的产品就打折扣了。

我们要拥有这样的心态：没有绝对完美的产品。请试想，就算生产出了绝对完美的产品，客户也有可能不愿意支付绝对完美的价格。科学在进步，产品功用在不断升级更新，所以要相信，现在我们的产品在同等价位中是好的，我们提供的产品也是适合对方的。

重视形象

第二,重视形象。

在当今的职场中,真的避免不了以貌取人。这个"貌"不是你天生长得什么样子,而是指你呈现给别人的一种外在的形象。你可能会想,有一些行业大佬穿着很随便、很休闲。因为人家已经成功了,而我们仍然在努力追求成功的路上,要对自己有严苛的要求,不要与别人比较。互联网公司的员工可能穿得很休闲,是因为他们与我们销售人员的工作性质是不一样的。

当你无法判断你的穿戴是否让对方喜欢时,只能穿正装。这代表我们做了精心的准备,是对对方的一种重视和尊重。传达这样的信息是很重要的。一个很好的形象,会令对方觉得他在跟一个成功的销售人员打交道,也会令对方觉得你的产品是可靠的。

在面对一些大企业、事业单位等重要部门的人时,如果你不知道穿什么,可以看《新闻联播》里的主播穿什么,你就穿什么。他们可以穿西服,可以穿中山装,这些你都可以穿。跟这些人打交道时,至少要穿得干干净净、利利索索。

对于男生来说,至少要准备两套西服。因为好的西服,它的纤维是有恢复周期的。比如,这身西服我今天、明天穿了两天,第三天就要把它挂起来,让它的纤维恢复一下,我去穿另外一套西服。

应该买什么颜色的西服呢?黑色西服使用率相对较低,因为黑色西服往往在特别庄重的场合才会穿。有一种高端酒会叫Black Tie,需要打领结、穿黑色燕尾服。但多数的情况下,偏商务的西服,最常见的是蓝色系和灰色系。当然,西服合身不合身也很重要。

西服有两个版式。一种是美式西服。美式西服因为来自街舞文化,会特别宽松,让人能够活动得开,一般都偏大一点儿。身材比较魁梧、胖一点儿的人,穿美式西服会比较舒服。意大利人体型偏瘦,所以他们的西装讲究收身。德国的中产阶级很注重锻炼,所以他们的西服也是刚刚合适。比如,意大利的阿玛尼、德国的HUGO BOSS,都很适合我们中国人。

衬衫的选择也有讲究。衬衫的颜色可以这样选择:当你对颜色不是特别明白的时候,就选择常规颜色,颜色相对安全的衬衫是白衬衫和蓝衬衫,偶尔穿一件黑衬衫也可以。衬衫的选择,最重要的是长度,不是领围,领围呢,能系上扣子就好,稍微大一点儿也没关系。袖子要稍微长一点儿,哪怕袖子上稍微有点儿堆积也没关系。袖子长了可以改短,短了就不好改了。袖子的长度可以露出西服外1~1.5厘米,这样看起来很精神。

领带的搭配也有技巧。蓝衬衫系蓝色的领带,白衬衫系任何色系的领带都可以。但是不要系图案夸张的领带,因为会把客户的注意力转移到你的领带上。

另外,皮鞋和皮带的搭配有一个基本的规则,要同色。常规的颜色,要么都是黑色,要么都是棕色。还有,选择袜子有一个小标准:当你穿着西裤坐下来的时候,袜子的长度要可以覆盖到你的腿毛,不至于把腿毛露出来,因为那样看起来特别不雅。夏天穿的船袜,如果你穿7分裤、9分裤或短裤,休闲的时候没问题,但参加商务活动的时候就会有问题。

销售人员在拜访客户的时候，身上可不可以有奢侈品的点缀呢？当然可以。虽然奢侈品属于非生活必需品，但是奢侈品的款式经典、材质良好，代表着一种生活品位。比如，一块好的手表、一个好的镜架、一条好的皮带或一双好的皮鞋，都可以彰显你的品位。其中，男士的手表是最合适的。但是这些奢侈品的搭配，不要形成标识的堆积，因为那样会显得俗气。

除了注意形象，还要注意个人卫生，特别是男生。

将头发修理得干干净净，整个人面目看起来干净整洁，就会给客户留下好印象。男生要注意修剪鼻毛和指甲，勤洗澡、勤换衣。不要因为小细节，导致对方不愿意跟你打交道。

好好运营朋友圈

第三，好好运营朋友圈。

有很多人把朋友圈的浏览权限设置为仅三天可见，还有的人设置为仅一个月、仅半年可见。无论是创业者，还是销售管理者、销售经理，凡是与客户打交道的人，不要把你的朋友圈设定为限时可见，要全面敞开。

我们与客户打交道，想了解客户的信息，有一个很重要的渠道，就是通过他的朋友圈去认识、去了解。因为从朋友圈可以看到他的想法和兴趣点。人们发朋友圈，其实就是个人IP的塑造。通过朋友圈发的内容，我们大概能了解别人的喜好，可以在见面之前准备一些谈资。

但是有的客户，尤其是重要客户的关键人物，可能不发朋友圈。他可能不希望陌生人了解自己，也不希望身边的人了解自己。还有一个问题，如果他作为领导发了一个朋友圈，下属员工谁点赞谁没点赞这种小事都可能会引起内部的矛盾，与其这样，他干脆就不发朋友圈了。

虽然你不能了解客户，但是要让客户可以通过朋友圈去了解你。如果客户看你的朋友圈，发现你是仅三天可见，等于根本就看不见。三天可见的情况是，如果我不天天关注你，你发的东西我很可能根本看不到。这样一来，客户根本就不知道你是什么背景，有什么想法，等于要跟一个一无所知的人打交道。这时，对方的心里会缺乏安全感，对你就会有所保留。所以，销售人员要把朋友圈敞开，一定要让客户看到你的朋友圈，而且不能乱发，要运营朋友圈。

下面给大家出一道思考题：请问以下两种朋友圈的内容，哪一个更应该优先发出来？一是，你最近看到一段话，觉得很有道理；二是，你看了一部电影，觉得很感动。二选一的话，你会选哪一个作为朋友圈的内容？

答案是后者更合适。因为有道理的东西，以你的背景和个人特点，能打动你的不一定能打动别人，理性层面大家是不一样的。但是感性层面，人们往往是一致的。

电影中呈现的感情，感动了你的，往往也能感动别人。比如，电影《你好，李焕英》，我在看的时候就流了很多眼泪，凡是经历过家里至亲离世的人，一定会非常感动。当你发这种朋友圈的时候，很多客户会觉得你是一个重亲情的人、一个有血有肉的人，他们也会被感动到。

再比如，电影《我不是药神》，我相信很多人看过之后也很感动，还有《我和我的祖国》。当你感觉到被电影感动了，有一种感性的冲动时，把它发到朋友圈里，加上一句非常正能量的话，也是能够感动到客户的。

特别要提醒你，在运营朋友圈时，涉及敏感事件的，千万不要发。发这类的内容，可能会让你的一些重要客户觉得，与你打交道有一种不安全感，甚至会把你拉黑了。千辛万苦开发的客户，因为一条朋友圈被拉黑了，得不偿失。

所以，发朋友圈首先要发感动自己的内容，其次发提升思想的内容。如果实在没得发，可以发点儿心灵鸡汤。我们都知道心灵鸡汤没什么用，但是发出来不会带来麻烦。

持续经营朋友圈，会让对方记住你。

例如，几年前有一个人给我打电话，说他们公司想请我做企业内训。我告诉他，我只给我的学员的企业做内训。因为如果学员在我的总裁班里听过课，知道我讲课的内容跟他们公司匹配，我才考虑去做，其他外来的企业我一般不做。他说，他们的老板是我的学员。他提到了一个名字，其实我不记得这个人了，但这个名字我有印象。因为在我的朋友圈里，这个人一年365天，每天都发正能量的内容，发了好几年，我想不记得他都难。所以，发朋友圈，其实能够打造自己的人设，让客户记住你。

第二节 "羊"型客户特征与应对技巧

在销售过程中,我们常遇到的第二种客户类型,是羊型客户。前面讲到的鹰型客户最难打交道,因为他是决策人,又特别强势,总是给我们一种压迫感。而羊型客户,就相对比较好打交道了。

面对羊型客户,我们先要学会两种常用的笑,这也是销售谈判的技巧。

第一种,是要跟"羊"学傻笑,比如,看似心无城府似的哈哈哈地笑。目的是什么?你跟客户一傻笑,客户会觉得自己的智商比你高,对你就没有防范了。适当在谈判中示弱,往往会赢得下一步谈判的主动权。傻笑不是真傻,是装傻。

第二种,是心生喜悦的笑。要做到这一点你需要有些像演员,想一些情境,如曾经愉快的经历,就能这样笑出来。比如,上幼儿园的时候吃好吃的很开心,上小学的时候放学、放假很开心,上初中时考个不错的成绩很开心,到了高中考进理想的学校很开心,上了大学结识一些新的朋友很开心,参加工作以后拿到第一份薪水很开心,还有谈恋爱、结婚生子,等等。这些事你一想到就会特别开心，能发自内心地笑，这就是心生喜悦的笑。

心生喜悦的笑很具有感染力，能够感染到那些跟你面对面沟通的人，因为你是发自内心的，所以他也会受到你的情绪感染。

特征：温顺、随和、善良

除了跟羊型客户学笑，他身上还有哪些我们需要了解的特征呢？特别明显的特征就是温顺、随和、善良。

第一，温顺。你跟羊型客户打交道的时候没有压力，他可能让你感受到的是一种发自内心的快乐。

第二，随和。羊型客户不具有攻击性，不是那种让你不舒服、很尖锐、很挑剔的人。

第三，善良。羊型客户为别人考虑的比较多。销售人员对于羊型客户的评价，是经典的7个字：好说话，容易上手。

我相信，大家发自内心地喜欢跟羊型客户打交道，因为这样的人很平和，遇到"羊"，你我可能就是"狼"。《亮剑》中李云龙说过一句话："狼走千里吃肉。"

应对技巧：将其发展为向导

做销售的人，在谈判的博弈中，喜欢跟羊型客户打交道。可是有些时候，却不能如我们所愿。因为一个组织内部，凡是羊型性格的人，可能一没权、二没钱，一般说了不算。而说了算的人，鹰型比较多。

但是不要以为羊型客户没有用，其实他们有很大的作用。因为羊型客户在公司内部人缘好，获得信息的渠道多，所以羊型客户往往是向导和内线的最佳人选。当然，不代表所有的向导和内线都是羊型性格的人，其他人也可能成为向导和内线。羊型性格的人在团队中有一个很重要的作用，就是善于平衡关系。

例如，唐僧团队中有四个人：唐僧、孙悟空、八戒，还有沙和尚。他们四个其实是代表了四种类型：整合资源型、任务导向型、关系导向型以及任劳任怨型。

先说关系导向型。他们四个中谁是羊型的人？羊型的人很幽默，大家看着他就很快乐，并且他跟大家的关系搞得不错，本事却不是最大的。八戒就是这样的人。所以我们把八戒这样的人，叫作关系导向型的人。

团队中关系导向型的人就是羊型，这种人善于处理关系，尤其是像八戒，他擅长处理异性关系。八戒到了高老庄就不走了，师父说："走，取经去。"他说："师父，我不去了，岳父不让我走啊。"八戒总是能够给大家带来快乐，平时也不像孙悟空那么较真，他自己很平和，也很随和。

接下来说任务导向型。大师兄孙悟空最大的特点就是情商不太高，有自己的原则和底线。同时，他有本事，一个筋斗飞到十万八千里以外，能降妖伏魔。在销售中，有的人开拓市场、拿单、抢单和回款的能力强，就是我们常说的销冠。孙悟空就是这种类型，敢打敢拼，永远是方法比困难多。我们把这种类型的销售员叫作任务导向型的人。

任务导向型的孙悟空，工作踏实，业绩做得很好，能力很强，但是不太擅长或者不屑于去处理人际关系，所以人际关系一般，很多时候没人跟他说话。

再说任劳任怨型。有一种人，从来不争功，不争利，让干什么就干什么，做好自己本分的工作，也不会背叛团队，忠诚度很高，执行力很强。他就是沙僧。"任劳任怨"，就可以形容他在团队中的角色。

最后说整合资源型。有一件事我挺为他们三个打抱不平的。唐僧这个人，降妖伏魔不如孙悟空，业绩能力没有。他也不幽默，处理人际关系不如八戒。八戒总是乐乐呵呵，唐僧一出来总是搞得我们特别紧张。唐僧从来不干活，都是沙僧在干活。可是，不公平的是，唐僧却做了领导。从西天取经回来以后，他的封号最高。为什么？

有人可能会认为，因为他目标明确，他执着、有信仰，他能坚持。这些都对，但都不是最重要的。唐僧之所以能当领导，只有一个原因，因为他背后有靠山。所以，如果他们是一家创投公司的话，第一笔融资的风投资金是唐僧引来的，他善于整合资源。这种人做领导，一定是一个团队中最善于整合资源的人。宋江也是这样的人，刘备也是这样的人。

善于整合资源的唐僧，任务导向型的孙悟空，关系导向型的八戒，以及任劳任怨的沙和尚。思考一下，你的性格像谁？做销售的，孙悟空这种类型的人更多；行政部门中八戒这种类型比较多；

老板中唐僧这种类型比较多；当然团队中也缺不了沙和尚这种类型的人。如果你觉得自己各种类型都有点儿像，这种综合型的人，我把他称为妖精型。

唐僧团队去西天取经，整体来说团队是和谐的。取经过程中，羊型性格的八戒在他们两次闹分家的时候起到了重要的作用。其中一次闹得非常厉害，是因为三打白骨精时出现了不同意见。孙悟空火眼金睛，看出那个人是妖怪变的，他就要打妖怪。但是上面的领导唐僧是肉眼凡胎，妖怪变成人之后博得了他的同情，他不让打。这也可以理解为管理者跟业务人员之间在同一件事上出现了不同的意见。

如果你是此时的孙悟空，你选择打还是不打？如果你打，师父就不高兴了，等于你没听领导的话，最后的结果是你把业绩做成了，产品销售出去了，可是奖金没了，甚至可能连工作都没了。但是总有少数的人会认为："我要是孙悟空，就一定会打妖怪。如果不打妖怪，师父就没了。师父没了，平台就没了，我有再大的本事也没用了。"

打和不打是原则问题，必须坚持原则。孙悟空是任务导向型的人，最后他因为坚持原则而三打白骨精，结果激怒了作为销售管理者的唐僧。唐僧非常生气，一怒之下就把孙悟空逐出了师门。受了巨大委屈的孙悟空，回到了他自己的一方宝地花果山。

可是唐僧后悔了，因为西天取经没有孙悟空不行，他就想把孙悟空请回来。但是唐僧自己不好意思去，派了八戒去。作为羊型性格的八戒，这时起到了人力资源总监的作用，到花果山去请孙悟空。孙悟空说:"你回去吧,我不再给那和尚打工了。"八戒用了羊型平衡关系的能力,他用了激将法,跟孙悟空说:"不是师父请你回去,是新来的妖精说你降不了他。"于是孙悟空就回去了。

请问,你有八戒这样的本事吗?如果你没有,建议你在做销售时,要了解对方信息的时候,一定要发展一个像八戒这样的人做向导。在你的团队中出现冲突的时候,也一定要有八戒这样的人协调关系。

八戒还是黏合剂,他能把不同个性的人黏合在一起。我们在销售回款中,难免偶尔会得罪客户,那八戒这样的人,就能帮我们把关系中的冲突处理掉。为什么他能做到呢?因为羊型客户还有个特点——和稀泥。他能让大家在一起一团和气。

羊型人在职场中的风险

说到这里,可能你会觉得自己身上也有"羊"的特点,因为你擅长和稀泥。我要给你提个醒,身上有和稀泥特点的羊型的人,在职场中有一种风险。比如,一个企业今年经营状况不好,老板要裁员,有的老板会优先裁掉羊型的人。因为"羊"的原则性不强,老板不知道关键的时候他站在哪一边。这个时候"羊"的缺点就显现出来了。

我们讲了这么多"羊"的优点,其实"羊"在谈判中也有他的缺点。总结地说,优点是情商比较高,为人处世方面做得不错。可是缺点是他容易妥协,原则性相对有点儿差,这就导致羊型的销售找客户收款时，客户一说"我真的没办法，没钱"，"羊"就心软了，无法坚持公司的原则，款收不回来。

羊型人如何转"鹰"型人

作为销售员的你，如果身上有"羊"的特点，那在谈判过程中，你要学会由"羊"转"鹰"。下面给你提供一个工具，即"羊"转"鹰"的四个方法。

学会主动出击

第一个方法，是学会主动出击。

有些时候需要主动去接触客户，包括主动提出一些你的想法。但是你有点儿懦弱，甚至心里有点儿害怕突破，那么最好的方法就是直接面对，主动出击。

例如，你的演讲能力和未来的职业发展是成正比的。不会说话不行，一定要学会在不同的场合说不同的话，以及面对什么样的人该讲什么样的话。可是有很多从技术、财务岗转做销售的人，就是不善于言辞。

有的人会偷偷在家里练，不敢在人前讲话。其实，你自己偷偷练100遍，也不如在人前讲一次话。因为你不敢在人前讲话的原因是你怕露怯，怕丢人，可是如果你没露过怯，没丢过人，就永远不知道自己的问题出在哪里，也就没有办法寻找出解决方案。要抓住任何一次在人前讲话的机会，这样你提升的速度会特别快。

比如，陌生拜访、"扫楼"，或者打陌生拜访的电话。有时需要敲开对方的门跟对方沟通，不少大客户就是这么"扫"出来的。所以要敢于去做陌生拜访，敢于跟陌生人打交道。你心里要想的是："我带来的产品是你所需要的，能给你带来业绩的提升。"

更简单地理解"羊"转"鹰"的主动出击，可以想一下男孩追女孩的案例。男孩遇到心仪的人，要学会主动出击；当然，女孩遇到心里喜欢的人，也要学会主动出击。

学会提要求

"羊"转"鹰"的第二个方法，是要学会提要求。这里不是指普通的要求，而是要学会提过分的要求。什么是过分的要求？是你平常不敢提出来，怕提出来以后会得罪对方的要求。

例如，由于疫情的原因，大家手里的资金都比较紧张，我的建议是，去跟客户提出过分的要求。比如，原来合同约定是货到60天付款，现在还没到60天，就打电话给客户说："能不能提前15~20天把货款给我？"理由是受疫情的影响，手里资金有点儿紧张，请客户照顾和帮助一下。你可能会想："提出这样的要求客户能答应吗？"

也许客户不会答应，但你不能确定他一定不答应。万一他答应了，你能早点儿把货款收回来，也就落袋为安了。如果你按照合同约定，两个月以后再去收款，那时他不是不想给你，而是账上真没钱了，你就很尴尬，很被动了。

所以，要学会提要求，敢于提出你心里的想法，就能把谈判从被动转为主动。我们在谈判中，客户有没有跟你提过过分的要求？其实是有的。你在意了吗？你并没有在意，最后还是正常合作。所以提出过分的要求，并不会影响你们今后的合作。这就是将"羊"的心态转为"鹰"，一定要自己去锻炼，去总结，要敢于面对。

学会运用"黑白脸"

"羊"转"鹰"的第三个方法，是要学会运用"黑白脸"。在坚持原则的过程中，可以一个人做好人，一个人做坏人。

你要收款回来，可是跟客户今后还有合作，不想破坏客情关系，那么在收款谈判中，我们可以运用黑白脸的方式。例如，我们作为销售人员，跟客户打交道要有所保留。你自己做好人，从公司另外一个部门请一个人做坏人。

哪个部门盛产"坏人"呢？关于收款这件事，财务人员就容易成为"坏人"。第一，财务人员原则性强。第二，他们对数据敏感，对于公司资金状况比较清楚。第三，他们没有参与开发客户的过程，并不完全懂得珍惜。所以他们直接到客户那里要钱，能给对方形成比较大的压力。财务人员来做坏人，而我们销售人员，就可以扮演好人，形成一个收款的团队，收款效果极佳。

想象另一个场景。你作为销售人员，跟你的老板一起面对客户，进行谈判的时候，要扮演黑白脸，一个人做好人，一个人做坏人，谁做好人，谁做坏人呢？当然是销售人员做坏人。因为如果老板做坏人，就谈崩了，没有合作的余地了。而我们销售人员做坏人，能够在谈判中保护本公司的利益。老板来做好人，就给了谈判的余地和弹性，还有二次谈判的机会。

学会"翻脸"

如果你采用了上面三个方法，依然没能坚持原则，怎么办？你只能考虑用最后一种方法，就是学会"翻脸"。但是，跟客户谈判不能随便"翻脸"。要先制定一个规则，当对方违反规则的时候，夸张地表达自己的情绪，比如，突然皱眉头、不说话，这都是"翻脸"。无规则，无"翻脸"。

羊型人在职场中情商很高，很随和，也很受欢迎，但是容易妥协。所以在收款和销售谈判中就会遇到问题，可以利用"羊"转"鹰"的这四个方法。

再补充一下，羊型客户在跟你进行交流的过程中，还有两个特别重要的特点。第一是有个小名叫"包打听"。羊型客户能帮你打听到你所关心的客户在关系层面、技术层面的一些事情，因为他的渠道多，人缘好，能满足我们对信息的要求。同时，他也可能会把我们的信息传给别人，也会帮别人来打听我们，他是一把双刃剑。所以在面对羊型人的时候，要注意适当地切断内部的有效信息。

第二是肢体语言丰富。羊型客户的肢体语言在交流中是非常丰富的，你很容易能看到他的一些肢体动作，比如，他跟你说话的时候，托着自己的下巴，有时还会专注地看着你。出现这两种情况，他是在思考自己的底牌。现在，请给你自己打分，如果"羊"的特征满分是10分，你的身上有几分"羊"的特征呢？

第三节 "狐"型客户特征与应对技巧

特征：聪明、狡猾、贪小便宜

讲完了强势的鹰型客户和温顺的羊型客户，我们接下来讲一个不太讨喜，大家不太愿意接触却经常能接触到的客户类型，就是狐型客户。

你见过真正的狐狸吗？还记得它的脸型吗？它长着尖尖的三角脸，比较清瘦，看到它你想到的第一个词，肯定是"很狡猾"。没错，它是很狡猾。狡猾就是狐型人的典型特点。

那么请问，狡猾的人是笨人还是聪明人？当然是聪明人。聪明跟智慧还是有差别的，聪明的人格局小，智慧的人格局大，所以通常都说"小聪明""大智慧"。见自己的人是聪明人，见天地、见众生的人是智慧的人。有智商又有情商，才能有智慧；而只有智商没有情商，只能说是聪明。狐型人就是聪明人，但不一定有智慧。聪明也是狐型人的典型特点。

除了聪明，狐型人还有个特点，就是反应很快。反应快的人在面对面谈判中的表现就是语速特别快。为什么语速快？因为他内心紧张；还有一种可能是因为怕对方问的问题自己回答不上来。还有一点，狐型人不容易相信别人说的话，他很多疑，眼神飘忽不定，很难与你正面对视。狐型人的心里往往有其他的想法，而且他不会呈现给你。

狐型人还很擅长狡辩，这一点很招人讨厌。明明是他做得不对，他却不断地找借口。我相信你肯定遇到过这样的人，他答应了你一件事，但是总是拖着不办；他给了你希望，但是最后总让你失望。这种人，往往就具有"狐"的特点。

我们平时打交道的"狐"型客户其实很多。客户公司中一般会有采购人员，他们不少人身上具有"狐"的特点。他们在观察你和其他的供应商，总是拖着不给你办事。所以我们想达成目标，得过"狐"型客户这一关。

我经过多年分析发现，要想过狐型客户这一关，要抓住他的一个特点，就是狐假虎威。老板有决定权，狐型人是没有决定权的，但他假借老板的威力来吓唬你。他想干什么呢？狐型人往往是想贪小便宜。贪小便宜就是狐型人的典型特点。

其实喜欢贪小便宜的人，并不一定特别贪钱，贪小便宜是他的一种习惯。他如果没贪到这个小便宜，就不愿意开启接下来跟你的合作进程。那么你可以选择给他一点儿小的甜头。

应对技巧：巧送小礼物

面对狐型客户，可以适当送一些小礼物。公司会有一些人情往来的预算，不会特别多，比如，会将200～300元发放到销售人员手里，用来处理一些客户关系。

送礼有一些小技巧，第一，要送性价比低的东西。你如果只有两三百元的预算，那就要送性价比低的东西。我们前面讲过，性价比等于价值除以价格。价值相同的情况下，价格越低的东西性价比越高，价格越高的东西性价比就越低。

比如，300元的预算，你可以送一双阿玛尼或者英大的袜子。我们平时买袜子可能很便宜，最便宜的9.9元就能买10双还包邮。有几个人穿过300元的袜子？有谁舍得丢掉300元的袜子？客户穿上你送的名牌袜子以后，一定能记住你。

第二，要送具有独特性的东西。例如，我曾有一个学生在湖南，送给我一个茶砖。上面贴了张纸条："程老师，我看你总喝黑咖啡，时间长了咖啡刺激胃，喝这种茶能养胃。"他是看到我喝咖啡，担心我的身体，送的是有专属性的礼品，我就很感动。因为曾经有段时间我的胃真的不太好，是喝茶慢慢变好的。

第三，要送有二次社交功能的礼物。我听一位大学老师说过一件事，他有一个学生，把自己读研究生时记的笔记整理出来，复印了一份，在毕业的时候送给了这位老师。老师看到以后很感动，逢人就讲："你看我的学生多有心。"如果你送的礼物，对方愿意跟别人去分享，它就是具有二次社交功能的礼物。

稍微用点儿心的话，你也能送出让对方开心的礼物。

比如，我有个学员，他的一个很重要的客户帮了他，他无以言谢。后来发现这个客户正在上初二的儿子特别迷恋法国大巴黎足球队的足球明星姆巴佩，想要姆巴佩的签名。这个学员了解到，大巴黎足球俱乐部，刚好来深圳了，他就去了现场看球。

但那个学员不是在比赛现场拿到的签名，他打听到球队提前一个星期左右就到了深圳，于是他找到球员练球的地方，请球童帮忙得到了姆巴佩的签名。后来那个学员送给客户的儿子以后，小朋友特别开心，发朋友圈一顿炫耀。

所以，礼物送对了，你给对方带来的就是真实的快乐。有的时候，你稍微整合一下资源就能做到。送给别人一些小礼物，让对方心里能记得你，是很巧妙的销售技巧。

抓住弱点

有的爱贪小便宜的狐型客户，即使收到了小礼物，依然不给我们办事。那么你要思考，他为什么爱贪小便宜，不贪大的利益呢？

第一个原因是，他不在更高的位置上；第二个原因是，他个性中有胆小的一面。那么，这时我们就要抓住他胆小的一面，跟他好好谈判。另外，因为"鹰"是"狐"的克星，所以有一个小工具，即"鹰杀狐"。这个工具百发百中，应用的时候，我有个小小的警告和建议：一定要慎重。

例如，我有个学员，跟一个有采购需求的客户公司的采购人员之间有些来往，他判断这个采购人员是狐型的人，请过他吃饭，等等。但是后来这位采购人员采购了竞争对手的产品。

事后，我的学员通过关系了解到，竞品的价格更高，采购人员可能拿了对方的好处。这个学员就很生气，把这件事情告诉了这家公司的老板。老板做了一些核查，把那个采购人员开除了。但最后的结果是，他们公司也没有从我学员的公司这里采购产品。

所以，"鹰杀狐"这一招要慎用。它有不同的层次，目的是给对方形成一种警告和威胁。比如，你也可以"羊转鹰"，给对方一点儿压力，甚至可以打电话告诉他，你可以直接去拜访他的老板。有的公司做采购要通过不同的部门，你也可以通过其他部门，对难以应付的狐型客户形成压力。所以，要注意灵活使用这些工具，有技巧地应对狐型客户。

第四节 "驴"型客户特征与应对技巧

特征：倔强、注重过程

我们接下来讲最后一种类型的客户。这一类客户很有意思，我给他们起了一个特别有感染力的名字，叫作"驴型"。哪些词是形容驴的？倔驴、犟驴、笨驴……

没错，倔强就是驴型客户的典型特点。

那么，驴型客户在谈判中有哪些特点呢？他喜欢反对，喜欢挑战，喜欢折磨人。你肯定遇到过这样的人，你刚说完自己的观点，他的第一反应就是"你说得不对"。这种人身上就具有"驴"的特点。而让你最郁闷的是，他说完自己的观点以后，你发现其实跟你的观点一样，但他还是坚持你说得不对。

同时，驴型客户非常注重谈判的过程，不关注谈判的结果。注重过程也是驴型客户的典型特点。这是跟驴型客户打交道要注意的第一个核心点。谁想把东西卖给他，谁要找他结尾款，谁想让他帮忙转介绍，他就折磨谁。所以销售人员全都是驴型客户折磨的对象。

在沟通过程中，驴型客户特别满足于折磨你的过程，能让他获得一种成就感和满足感。也许你不喜欢驴型客户。从今以后要改变这种观点，要发自内心地喜欢上"驴"，甚至要爱上"驴"。原因如下：第一，他不注重谈判的结果；第二，他不差钱；第三，他是大客户的典型代表，钱不是他的，是老板的。

所以，遇到驴型客户是件好事，对销售人员来说有无限的想象空间。因为你去求他了，你的对手也去求他了，久而久之，就把他惯成了驴型人。

驴型客户不是天生的，是后天被惯出来的。如果谈判中驴型客户攻击你，你能不能攻击他？当然不能。更不可以躲着他，因为你还想做成业务，所以不能躲。

应对技巧：满足与迎合

要怎么应对驴型客户呢？有一个词是"顺毛驴"。下面给出两个方法。第一个方法，让我们一起走进"驴"的内心世界，"驴"的心里话是："只要我爽，我就让你爽；只要我不爽，你就也别想爽。"

所以，如果驴型客户总是拖着你，不跟你签合同，不给你结尾款，不给你转介绍，原因是他还没有爽。你只要想办法让他爽了，一切都好办。所以第一个方法是满足，也就是说"让驴爽"。

能跟"驴"打交道的人，要有极强的抗压性和忍耐力。有些人跟"驴"打不了交道，比如，鹰型的人；还有一些从技术转做销售的人；还有一些是家庭条件优越，人生顺风顺水，自命清高的人。因为他们每次见到驴型客户，除了会说那些能凸显自身优势的话，便无话可聊，更不懂得投其所好。

客户只有认可你的人之后，才会认可你的产品，销售人员一定要明白这一点。总是把自己的姿态放得很高的人不是真正自信的人，而是心虚的人。让自己趴在地上再爬起来，善于自我调侃，内心有莫大的格局，这样的人才是真正自信的人。有时候要适当把自己放低，把对方抬高，这不仅传达了一种尊重，也传达了一种自信。

跟"驴"打交道的第二个方法是迎合。迎合从销售的角度来讲，其实是一种主动。迎合驴型客户，让他一高兴，就忽略了价格，反正钱又不是他自己的，是公司和老板的。

迎合的背后，有一个很重要的谈判技巧，叫作"yes but"，即"是，但是"。这是一个特别好的工具，从销售的角度也可以叫"接篮球法则"。篮球被扔过来时是有惯性的，你要利用缓冲，把力卸掉，再推出去。

在销售谈判中，就要这样说："是的，我理解你的感受。"然后推出去："但是，我不同意你的观点。"这种同理心的表达，在谈判中的方方面面都可以使用，哪怕你讲一大段话，也可以采用这样的方式把你的主线串联起来。

作为销售人员，要养成一种习惯，先表示赞同，然后再反对，这样既解决问题又不会产生新的冲突，说到底是给对方留面子。尤其是面对驴型客户时，要巧妙使用这个方法。

第五节　四种类型客户的谈判报价策略

我们讲了四种客户类型，分别是"鹰""羊""狐""驴"，综上所述，"鹰"对数据敏感，强势、果断、霸道，对于情感不敏感，不太接受套近乎的方式，得拿数据和事实说话，尤其是可验证的历史数据。

与他对应的就是"羊"，对于情感和关系很敏感，但是对数据不是特别敏感，所以跟他打交道要多讲感情，多谈关系。

狡猾的"狐"，经常拖着我们不办事，但我们经常会接触到。而总喜欢反驳，喜欢占据制高点的"驴"又是大客户的代表。

了解了这四类客户以后，我们现在来检验一下，看你是否掌握了这部分应用心理学的知识。

对驴型客户报最高价

现在我准备把公司设备，卖给"鹰""羊""狐""驴"四种不同类型的客户。假设我的期望价格是100万，那我的报价应该高于100万。请问，对谁的报价最高，对谁的报价最低呢？

我相信大多数人，都会倾向于给"驴"报最高的价。因为他不差钱，钱也不是他的。在现实销售谈判中，如果你给"驴"的价格报低了，"驴"会觉得你瞧不起他。这样的人，拿的都不是自己的钱。

而当老板的，越有钱越节省，因为钱是他自己的。而且做民营企业，有很多不确定性因素，每一个老板都非常谨慎。"驴"不是这样的人。还有一个给"驴"报高价的原因，他一般是大客户采购中的技术把关者，也叫首席技术官（CTO）或者总工程师。他在采购产品的时候，会倾向于买贵的产品，会觉得贵的就是好的。

所以，给"驴"报高价往往有额外的惊喜。再分享一个延伸的工具和方法："驴"往往要对技术负责，那么如果能把他发展为向导，或者是内线，你销售的成功概率就提高了。虽然他没有最终的拍板决定权，但他具有一票否决权，可以帮你去屏蔽竞争对手。

怎么去与"驴"搞好关系？这时，技术出身转做销售的人就有优势了。因为你跟他打交道的时候，你们往往在技术方面有共同的语言，他就容易认可你。一旦他认可了你，他很容易去支持你的产品和你的公司。

但是我要提醒那些营销出身做销售的人，你并没有很强的技术背景，跟技术把关者打交道的时候，切忌班门弄斧。技术不是你的专业，点到为止地聊一聊就好，不要非得跟他去纠结一些特别有深度的技术问题。那些问题，如果你不知道，可以请教他，让对方有一种优越感。你也可以回到公司里，去请教公司的技术人员，在第一时间给驴型客户反馈，也能加深彼此的关系。

而技术转做销售的人，前期的缺点是销售技巧不是很熟练，沟通的一些方法、话术都不太了解，当你掌握了这些技巧和话术以后，你后续跟对方的技术负责人就更有共同语言了。所以技术转做销售的人，后劲会很足。

对鹰型客户报最低价

我们给驴型客户报最高价，因为钱不是他的。那么钱是谁的呢？钱是"鹰"的，是老板的。所以，我们在开价中，要对鹰型客户报最低价。

道理很简单，"鹰"对数据敏感，也很精明，对市场上的价格了解得可能比你还清楚。如果报高了，你就直接出局了，连二次谈判的机会都没有。如果你是个年轻人，不要跟老江湖玩套路，因为你玩的这些套路他早都玩过了。不如跟他讲诚信，实实在在就好。

跟你分享一个小技巧，跟"鹰"打交道，一旦报完价，轻易不要接受还价。这跟价格本身没有关系，跟你对产品的自信心有关。鹰型客户知道你能从中赚多少钱，也知道你需要有多少利润空间，他会让你赚到这笔利润。他很理性，但他不盲目。如果你不接受还价，他会觉得你能够保证你之前的承诺，是一种自信的表现。

对羊型客户保持诚信

跟羊型客户打交道，我们要特别注意，不要给"羊"报最高价。不要以为对方是温和的"羊"，就要宰他，有这是"一锤子买卖"的观念。你要做长期的生意，尤其是面对大客户时，要建立长期的关系，真的不能这么想。

"羊"很善良，但不代表"羊"傻，善良是人好心好，而傻是智商有问题。你看"羊"最开始好说话，感觉容易上手，但是一旦破坏了信任，他今后就不会再相信你。而且"羊"在公司内部的人缘很好，你得罪他一个人，等于得罪了一批人。最麻烦的是，你可能不知道自己得罪了谁，友谊的小船说翻就翻。

我有一个建议，哪怕是再小的事，也一定要跟"羊"讲诚信，说到的事情必须兑现。而且一旦你报了高价，"羊"是没有拍板决定权的，他一定会找到决策人——"鹰"。"鹰"发现"羊"被宰了，指责"羊"办事不力，那么"羊"对你的印象一定很差。

对狐型客户保留空间

对待狐型客户，不论你怎么报价，他都会讨价还价。他负责采购，他的关键绩效指标（Key Performance Indicator，KPI）就是要考核他能否把价格还下来，还价成功，他才能有个交代。所以，你要给他一个还价的空间。

在销售关系中，尤其是在大客户销售关系中，"鹰""羊""狐"

"驴"四种角色都是实实在在存在的。不同的角色，有相互促进、相互制约的作用，所以任何一方的关系都不能忽略。如何运用这四种复杂的关系，达成与客户的合作？需要我们不断地进行研究总结。

案例练习一：如何应对拖延的狐型客户

客户答应帮你引荐他的上级领导，却一直拖了两个月还不引荐，你实在耗不起了，想让他快速兑现承诺，要怎么办？请你先自己想一想，再看我的答案。

我给出的方法是，不管面对什么样的客户，我们首先要做的，就是要根据目前获取的信息，对客户做一个判断，看看他是什么类型的客户。根据题目所述，结合我们课程中所学到的知识，很明显，这个客户是一个狐型的狡猾的客户。我们要根据他的特点，尤其是弱点，针对性地制定相应的解决方案。当然要先礼后兵。

具体可以采取如下的步骤。

第一步，根据狐型客户贪小便宜的特点，结合他的一些嗜好，投其所好，给予一定的好处。比如，送一些小礼品，请他吃饭，帮他解决一些小的困难，等等，看看是否可以有效地解决问题。

第二步，面对生性多疑的狐型客户，和他建立信任确实有点儿困难，这时可以适当地交底，从公司的实力、产品的品质，到你做事的原则，都讲给他听，增加客户的信任感，也许他会把你引荐给公司领导。

第三步，牵线搭桥，想办法找他身边要好的朋友，通过朋友跟他打招呼来影响他，也会达到良好的效果。他基于对朋友的信任，可能就不会特别排斥你。

第四步，如果以上方法都无效，你又有资源的话，可以通过一些领导跟他打招呼。最好是其行业或企业监管部门的领导，给他施压。

第五步，以上方法都用了，还是没办法，就找点儿他的小把柄，适当地威胁他，也许会顺利解决问题，但这也有可能会破坏客户关系，一般情况下能不用就不用。

案例练习二：如何应对强势的鹰型决策人

销售中遇到了一个非常强势的客户决策人，如何搞定他？

我分享给你一些方法，可以作为参考。很显然，这种人是鹰型客户。对于鹰型客户，我们还是不要妄图去用"搞定"这个词。因为这种心理容易让喜欢真实的鹰型客户察觉到你的目的性，反而不好。

要注意，"鹰"这种人拒绝被营销，我们要从他的角度出发考虑问题，然后做出应对的策略。"鹰"是很务实的，希望事情有进展和成效，那我们可以扮演一个倾听者和探讨者，扮演一个与他一起分析事情的伙伴的角色，最终达到一种效果——让"鹰"感觉我们是懂他的，而且帮他拓宽了选择的角度，打开了一些思路。这既是建立信任的过程，也是打造客户购买体验的一个过程。

当然，这对于销售人员的要求有点儿高，但往往真正的鹰型客户，希望有人与他的认知一致，喜欢和同频的人在一起交流。所以，同样是鹰型的人，在一起是很容易沟通的。

如果你能与鹰型的决策者建立良好的沟通，他对你的业务方案存在一定的兴趣，那么可以以客户的需求作为出发点，配套多种不同的方案，给对方多一些选择。一方面能让对方觉得你真的好好准备了；另一方面，主动权在他手里，他可以做选择，他的感受就会比较好。

鹰型的决策人往往比较强势，切忌硬碰硬地与他形成对抗。可以就事论事，但是在情绪上不要表现得强硬。你可以坚持原则，但要表现出特别亲和的、谦让的态度。

鹰型客户还很关注细节，而且业务水平高，对行业也了解，因此业务方案必须在谈判之前做好论证。沟通中必须注重数据，尤其是可验证的历史数据。你的案例要真实，因为不真实的案例是很容易被他看破和戳穿的。

对方的强势要求不要坚决否定，要表现出为客户争取利益的姿态，可以尝试用前文讲过的"yes but"方法，以退为进。还要注意，与"鹰"沟通，要缩短战线，不要你来我往地拖下去，要速战速决。

在销售过程中，要很巧妙灵活地考虑"鹰""羊""狐""驴"的不同特点，达成你的销售目标。

04

呈现价值　高效成单

第一节　三大技术拿下"鹰"型客户

"听""问""说"组合的次序技术

前面我们讲了怎样应对"鹰""羊""狐""驴"四种类型的客户，那么在实际的操作中怎么去落到实处呢？接下来介绍一种技术——次序技术。次序技术是与四种常见类型的客户沟通与谈判的工具。

在销售谈判中，有三种基本的谈判要素，分别是"听""问""说"。第一种人见客户时，在短短的面谈时间里，一直是他自己在说，不给对方讲话的机会。因为急于表达自己的想法，而且他紧张、心虚，他怕一旦停顿下来，对方问个问题，他回答不上来。

如果客户是老江湖，他见到你不停地说，就知道你对你的产品和价格是不自信的，接下来的谈判对你就很不利了。所以，在面对面的谈判中，我们一定要有一种自信的口吻，抑扬顿挫，把握好节奏。

第二种人，他在对话中，只会听，这种人一般是心理咨询师。

第三种人，他会左一个问题，右一个问题，一直在问。这样的人最典型的职业就是警察。

我们在销售回款谈判中，应该用到"听""问""说"的排列组合。面对"鹰""羊""狐""驴"不同的个体，所采用的"听""问""说"的次序不同，这种谈判的话术被称为次序技术。

案例分析一：《士兵突击》中的鹰型吴哲

请思考，面对狡猾的"狐"，应该以什么开始？面对自负的"鹰"，又以什么开始？面对一根筋的"驴"，以什么开始？还有，面对注重情感的"羊"，又以什么开始？

我借用电视剧《士兵突击》第24集的一个片段，来给你讲解。我们先定位三个谈判的对象，第一个人是王宝强演的许三多。他是一个一根筋的人，有点儿偏"驴"的性格。

最开始在钢七连的时候，许三多的能力是比较弱的，总是拖连队的后腿，连长都烦死他了。可是他有他的优点：第一，他很执着；第二，他人品好。所以，关键时刻还是有很多人愿意帮助他的。

我们形容销售团队中这样的业务人员为有德无才。如果你是销售管理者或者领导，面对这种有德无才的手下，你的策略应该是"其才堪用"。因为可以培养他，为你所用。

第二个人是成才。他虽然跟许三多是老乡，但是这两个人差别很大。成才的业务能力特别强，也很聪明，可是他人品差，很自私。我们把团队中这样的销售人员称为有才无德。

也许你觉得这样的人一定不能用，但这种人身上具备的很多才干，是别人短时间内无法具备的，这时你要是不用他，就可能打不开市场，所以还得用他。不妨跟曹操学一学，他说过"唯才是用"，有才干就行，德行放在其次，前期开拓市场我们需要这样的人。"不管黑猫白猫，抓着耗子就是好猫。"这样的人可以用，但用的时候要慎重。所以对有才无德的人，策略是"其才慎用"。

第三个人是吴哲，他是少校军衔，有双硕士的学位，德才兼备。这样的人怎么用？很多销售管理者会选择"其才重用"。但我给你一个小小的建议，德才兼备的人，要"其才控用"。看完这段故事，你就懂了。

许三多、成才、吴哲，这三个兵，再加上几十个兵，都有一个共同的梦想，就是进入特种兵部队——老A大队。但只有兵王和最优秀的兵才能够进去。于是老A的队长袁朗安排了3个月的测试。在开始的时候，袁朗设定的KPI是，谁的成绩好谁就留下。

3个月结束了，大队长将通过谈判来决定哪个兵留下，哪个兵离开。这是三场典型的面对不同个体所采用的不同策略的次序技术谈判，汇聚了全剧的精华，堪称经典。你可以把自己代入袁朗的角色，想一想自己会怎么做。

第一个接受谈判的就是吴哲。吴哲的表现非常优秀，作为老A队长，你一定发自内心想把吴哲留下来。但是出乎意料的是，吴哲自己不想留下。他特别狂妄，特别自负，他想离开。

现实的销售管理工作中，也有类似的情况，你特别欣赏一个你手下的业务员，没少在他身上寄予希望，本来想好好培养他，但突然有一天他跟你提出辞职，怎么办？这种情况在现实的工作中经常会遇到。

《士兵突击》中，吴哲一直在等着测试结束的这一天，他坚持到现在是因为不想输，可他也不会把自己交给一个已经让他失望的地方。

吴哲："我的疑义会以书面形式呈交，并且希望能够上诉更高一级别部门，我会在里面详细阐述对这支部队失去信心的理由。我无法面对这样的教官，打了一通手机电话，一顿饭吃了整个月都不见踪影。顺便我想问一下，在本基地使用个人无线通信设施，是否违规？我根本无法相信这样的战友，以违规和践踏他人为特权。成为老兵就有资格炫耀吗？最重要的一点，我现在是少校。"

袁朗："少校怎么了？"

吴哲："少校和中校只有一步之遥，我想趁着自己还有理想的时候，维护我的理想，不能因为这一步之遥毁灭了我的理想。顺便我想补充一句，有些人很习惯去评论别人，但是对着镜子又看不到自己。这也是我不想留下的理由之一。"

部队领导："吴哲同志，你这不是疑义，你这是指控。明白吗？"

吴哲："非常明白。"

袁朗："吴哲，你对我的反感，是因为我践踏了别人的理想和希望，是吗？"

吴哲："是的。"

袁朗："你认为昨天的演习谁最出色？"

吴哲："许三多，当然是他。"

袁朗："因为他在最绝望的时候，尽了最大的努力。"

我们现实中的销售和收款谈判，你不可能去问对方是哪种类型的人，必须根据他的表现判断他是谁。按照吴哲的表现和我们之前所学的"鹰""羊""狐""驴"四种类型，他更像是哪种类型的人？

第一，他很自信，作为一个年轻人，他在面对自己领导的时候，敢于坚持自己不同的观点，不会唯唯诺诺，是鹰型的表现，这是我看到的。

第二，我听到的是，他用事实讲话，这又是鹰型人的特点。

第三，我心里感受到的，他的气场咄咄逼人，霸道而强势，体现出他就是鹰型的人。所以，面对面谈判中要判断对方是谁，可以用"眼看，耳听，心感受"这个口诀。

当你判断他是"鹰"以后，回想一下袁朗刚才在谈判中使用的次序技术，是以什么开始的？最开始袁朗没有说话，一直是在听，然后紧接着做了一个提问。"听""问""说"这样的次序，面对的谈判对手是自负的"鹰"。

第一个先"听"的原因是，"鹰"这种人很霸道，但是角色又很重要，不要跟他硬碰硬，所以从"听"开始，防止冲突和对抗。如果两个人直接顶起来了，那么这件事就没法谈了。

第二个先"听"的原因是,"鹰"这种人一般都有自己的观点,他有一定的权威性,在团队中有一定地位,他有自己明确的观点,并且还有一种倾诉的欲望。只有让他说,我们听,才能了解对方怎么想,才能找到他的弱点和我们的切入点。换句话说,咱们的底牌不能轻易亮出来,亮了底牌就没有惊喜了。先听听对方是怎么想的,这是聪明人的方法。

第三个先"听"的原因是,中国被称为礼仪之邦,讲的是礼尚往来,而礼尚往来的意思是有去有回。所以,在面对面谈判中,我在听的时候,你一定是在说。你说的时候,我认真地听,这是我对你的尊重。

谈判是一种投资,先把尊重投资给对方。尊重对方没有必要当面直接说出来,如果你跟他说:"张总,我很尊重你。"那简直太傻了。他会想:"你要是真尊重我,就不用说出来。你说出来,恰恰说明你心里没我。"表达尊重是比较含蓄的,对方讲话时,平视对方的眼睛是一种尊重,目光略微上扬,是莫大的尊重。

听完对方的话以后,袁朗紧接着发出了一个提问,这个提问被称为"力量型提问",这是一个专有名词。力量型提问一般是封闭式问题。问题分为三种:封闭式提问、开放式提问以及追问。比如,我问你:"你喜欢吃什么?"这是开放式提问,因为你的回答我控制不了。封闭式提问如:"这道菜你是否喜欢吃?"你的回答只能是"是"或"不是"。

刚才的片段中,袁朗是怎么问吴哲的呢?他问:"你认为昨天的演习谁最出色?"看过这部电视剧的人一定会知道,这是唯一答案的封闭式问题。因为前一天演习的几十个兵都在中途放弃了，只有许三多一个人坚持到了最后。袁朗面对鹰型的自负的吴哲，在谈判的关键时刻，突然抛出了一个封闭式问题，问得很好，他把控谈判的能力很强。

他问了这个问题，如果按照吴哲鹰型人的逻辑，他会想："我这么自负，我这么优秀，表现最出色的应该是我。"但是鹰型人有一个优点，就是他非常真实，不讲假话。于是他只有一个回答，就是，"许三多，当然是他"。吴哲一下意识到了，自己的表现不如许三多。

袁朗真是谈判的高手，问对方一个问题，就打消了对方的气势。更高明的是，接下来袁朗什么也没做，只是眼睛死死地盯着吴哲。这时，吴哲把脸侧向了一边，是心虚逃避的表现。

袁朗一言不发地看着对方，这一招在谈判中是在把控节奏。谈判是有节奏的，比如，在收款谈判中，你一味地攻击对方，就算钱收回来了，关系也谈崩了；你一味地迁就对方，他又没有什么压力。所以，收款谈判一定是攻一下、收一下，再攻一下、收一下，俗语就是"打个巴掌，给个枣吃"。

接下来我们看，自负的鹰型的吴哲，到现在为止，服了没有？没有。他不仅没服，还开始疯狂地反击。

袁朗："吴哲，我不会践踏你们的理想和希望，我不能，因为那是我最珍惜的部分，也是我选择你们的第一要素。我只是想，你们在没有这些东西的情况下，也能生存；在更加真实和残酷的环境里，还能生存。我敬佩一位老军人，他说，他费尽心血，却不敢妄谈胜利，他只想他的部下能在战场上少死几个，他说这是军人的人道。从少校到中校，确实只一步之遥，而且你这么年轻，可我想给你这一步之遥上加点儿沉重的东西。"

吴哲："我还是不能信服。我觉得我自己擅长辩论，但我没想到你比我更擅长。可是我们这样的人都有一个通病，就是太相信自己的嘴，而不相信自己的耳朵。"

想一想，如果在现实的销售管理工作中，你手下有一个业务员，像吴哲这么跟你说话，你会怎么想？你可能会很生气，想发火。没错，这么说话真的是特别气人。但当他想走，你想留他的时候，你越发火，他越会想要离开。

如果你是袁朗，这时，你会怎么办？怎么去说服吴哲呢？动动脑筋，想想你有什么好的办法。也许你想跟他谈感情、套近乎，这种办法肯定不行。鹰型人最讨厌别人套近乎，你越套近乎，他越从心里瞧不起你。所以，要想说服他这样的人，必须用事实和数据说话，其他都是假的。

接下来，袁朗是这样去说服吴哲的。

袁朗："这是我办公室的钥匙，你现在就可以去检查。我的个人无线通信器材是在右上的第一个抽屉。别失望，它没有卡，没有电池，它只是一个让你们失望的道具。哎，我问一下，你怕麻烦吗？"

吴哲："得看是什么事。"

袁朗："这个星期你查岗，全基地的任何角落你都可以查。如果你发现有任何违纪的现象，你可以直接呈报大队长。"

吴哲："那我现在就想去你的办公室查，过时我怕有假。"

袁朗："可以。"

吴哲："还有我觉得一个礼拜时间不够。一个月，我要一个月的时间。"

袁朗："随时。只要你还在A大队期间。"

吴哲："是，中校！"

袁朗对部队领导说："这个人略显轻浮，但心理稳重，我要定他了。"

部队领导："干吗给自己挑这么难管的兵呀？"

袁朗："我喜欢他。知道为什么吗？坚持自己的原则，充满希望和乐观。重要的是，他能跟许三多这样的兵交朋友。这一点，就不会毁于他很容易产生的优越感。"

从这个片段你可以看出，吴哲有多强势。最后袁朗把自己办公室的钥匙扔给他，这就是用事实来讲话。袁朗用次序技术——"听""问""说"，把自负的鹰型人吴哲给说服了。

请问，如果在现实的销售管理工作中，把吴哲这么一个有个性的人放在你手下，你敢用吗？

喜欢他的人很多。但是敢用他的人，其实不是很多。我们喜欢他身上有原则、很执着、能力很强、很自信这些优点。他身上还有一个非常重要的优点，就是他的内心很阳光，绝不会暗地里捅刀子。他如果对你不满，敢当面跟你指出来，和你叫板，他认为背后算计是龌龊小人所为，他的清高让他不屑于这么做。

但是，你如果敢用他，也有一个大前提，就是你得能控制得了他。所以面对德才兼备的人，策略是"其才控用"。

案例分析二：《让子弹飞》中的鹰型张麻子

著名导演姜文有一部电影《让子弹飞》，很多人都看过。这部电影里很多环节，像极了当今的职场。姜文演的土匪张麻子，从来没当过县长，进到鹅城以后，人生中第一次做了县长。有一天，刚当县长的张麻子，跟葛优饰演的汤师爷探讨挣钱的问题。汤师爷通过"听""问""说"的次序技术，与鹰型的张麻子进行对话。

张麻子："我问问你，我为什么要上山当土匪？我就是腿脚不利索，跪不下去！"

师爷："原来你是想站着挣钱啊？那还是回山里吧。"

张麻子："这我就不明白了。我已经当了县长了，怎么还不如个土匪啊？"

师爷："百姓眼里你是县长，可是黄四郎眼里，你就是跪着要饭的。挣钱嘛，生意，不寒碜。"

张麻子："寒碜！很寒碜！"

师爷："那你是想站着，还是想挣钱呢？"

张麻子："我是想站着，还把钱挣了。"

师爷："挣不成。"

张麻子："挣不成？"

师爷："挣不成。"

张麻子把枪拍在桌子上："这个，能不能挣钱？"

师爷："能挣，山里。"

张麻子把大印拍在桌子上："这个，能不能挣钱？"

师爷："能挣，跪着。"

张麻子把大印和枪都拍在桌上："这个加上这个，能不能站着把钱挣了？"

师爷一拱手："敢问九筒大哥，何方神圣？"

张麻子："鄙人张麻子。"

除土匪以外，职场中人可不能这样。在职场中混，如果自控力差的话，你的职场就没有未来。

情绪管理，是情绪智力（Emotional Intelligence，EI）的一个元素。情商叫EQ（Emotional Quotient），是控制和了解别人的情绪的能力，而情绪智力是了解自己情绪的能力。

情绪智力主要用于自省，它至少包含两个因素：一个是自知力；一个是自控力。自知力，就是你活了这么久，对自己的性格是了解的，什么时候开心、什么时候不开心，你是知道的。自控力，是你最近什么事都不顺，满满的负能量，但是你能转换情绪，传达正能量。

一个自控力差的人,可能有一些具体的表现,比如酗酒,喝酒一多就闹事,控制不了自己;比如路怒症,开车时跟陌生人斗气。我们要学会好好地控制自己的情绪。

第二节 "驴""羊""狐"型客户的说服术

案例分析一：《士兵突击》中的羊混驴型许三多

接下来我们讨论的主角是许三多。许三多既有驴型的特点，也有羊型的特点。许三多是一个不太自信的人，所以3个月测试结束以后，他觉得自己没戏了，肯定要被开除了，于是他表现出"羊"的性格，哆哆嗦嗦、战战兢兢地来到了袁朗面前。袁朗说服许三多，准确来说算不上说服，因为一说就服了。

袁朗："许三多，昨天你的反差，使我们很惊讶。"

许三多："报告！什么反差？"

袁朗："你在和队友一起的时候，都不知道该迈哪条腿。当你相信他们都牺牲了，你开始选择自己的行动。"

许三多："我，我，我，我没能完成任务。"

袁朗："昨天晚上我做了一个数字模拟，你的行动是主目标，被引爆的概率降低到14.7，是有效行为。"

许三多:"那,那,那,那就好。"

袁朗:"许三多,愿意留在A大队吗?"

许三多:"……(沉默良久)愿意!"

袁朗:"好了,去吧,把成才叫来。"

许三多:"是!"

[许三多摔了一跤。]

袁朗:"许三多,你是生病了,还是没恢复过来呀?"

许三多:"没,没有。"

袁朗:"注意休息。"

许三多:"是!"

这一段很有意思,许三多摔了个大跟头,咱们一会儿再说他为什么摔倒。袁朗说服他的次序技术是"说""问""听"。面对内向的人,为什么要以"说"开始?相过亲的人都知道,那些内向的人,你不说话,他也不说话,能把你憋死。很多不爱说话的人,是不知道该怎么说话,这时你可以先打开话匣子,不断引导他说话。

对"羊"为什么要以"说"为主?因为以"说"开始,对对方最没有胁迫和压力。他不主动"说",你总不能"听"吧?还有一点,如果你一上来就"问",多多少少会给对方一种压迫感。他这种人,很随和善良,胆子又小,所以要以"说"开始引导他。

许三多还有"驴"的一面。谈判中,面对驴型为什么要以"说"开始?因为"驴"喜欢反对,喜欢折磨,你如果什么也不说,他怎么折磨你?折磨不了你,他就爽不了,接下来的事就不好办了。

刚才这段故事里有一个细节。袁朗问了一句话："许三多，愿意留在A大队吗？"许三多想了很久都没回答，他整个表情是木然的。

他为什么没马上回答？因为他不自信，当时脑海中一片空白，不敢相信自己能留下。他心里想的是："难道问的是我吗？"他没想明白。临出门时他才反应过来："原来真的是我。"结果这一紧张，腿一软，就摔倒了。

案例分析二：《士兵突击》中的狐型成才

这段故事中，对袁朗来说，最难谈判的是第三场，谈判对象是狐型的成才。再次想象你就是袁朗。3个月之前，你设定的KPI是谁的成绩好谁就留下。结果3个月结束了，成才的综合排名第一，按照以前的说法，成才应该留下。可是今天唯一要被开除的就是成才。凭什么这么对他？而且成才把这一次留下看得比生命还重。这就好比，你答应了别人一件事，结果你反悔了，这种情况下，肯定不好谈。

袁朗："坐下。"
成才："是。"

先看这第三场谈判，跟前两场有一个区别。袁朗让成才坐下了。前两个人，吴哲与许三多都是站着，为什么袁朗独独让成才坐下了？因为这里有事，而且是坏事。好事叫作沟通，坏事是谈判，你要赶他走，对他来说是坏事，这就是一个谈判的过程。谈判是一种势的较量，面对面谈判中，站着的人会把坐着的人的势压下来，这叫作降势。这是袁朗让成才坐下的第一个原因。

第二个原因，特别巧妙，咱们中国人打人不打脸，在给对方传递噩耗之前，要先安抚他。例如，一位女生想拒绝一个男生，她一般会说："你是个好人，实在是太优秀了，但是我觉得我配不上你，我相信有更好的人在等着你呢。"女孩子这么说了，那肯定就是要跟对方拜拜了。所以成才这一坐下，坏事就来了。

袁朗："在你与所有人失去联系之后，你判定行动失败，因此撤出战区。"

成才："对。"

袁朗："判定的依据是什么？"

成才："当战斗人员损失过半，可视为丧失战斗力。当时E组损伤人员比例已经达到了四分之三。"

袁朗："这是常规战争中的常规部队逻辑。昨天的态势，是常规战争吗？我们是常规部队吗？你意识到放弃行动的后果是什么吗？我们一切的训练，是不是都预示着我们将在高压甚至绝境下作战？"

成才："我怕了，我承认。但我同时可以保证，这是第一次，也是最后一次。"

袁朗："我们都能理解。我们用一切的手段，让你们害怕。"

成才："我错了。这次失误，我深刻地意识到自身的不足，以后要努力加强学习。但我同时可以向组织保证，我有这个自信，下一次我绝不会比任何人差。"

袁朗："成才，让你们把演习当成真实，需要花费比演习本身更多的精力，为什么这么做？"

成才："因为，想看到我们真实的表现。"

袁朗："错。你老把一切当成你的对立，总想征服一切。费了这么大的力，我们只想在你们没有战争的时候，就经历第一场战争。战争中伤亡最重的总是新兵，因为没有心理经历，没有适应时间。我们制造这样的心理经历，只有一次，下次就不灵了。我是想说，这样的经历，在你成才的人生之中只有一次，可你放弃了。"

成才："对不起，我为自己的表现，表示遗憾。"

注意成才这句话："对不起，我为自己的表现，表示遗憾。"如果你是袁朗，成才这样说，你会怎样回应他？如果你现在跟他说"没关系"，那你前面所有的努力就全都白费了，你会陷进死循环，没完没了地被他牵制。所以销售谈判不能往回谈，要往前走，来听听袁朗是怎么说的。

袁朗："我也很遗憾。"

袁朗的话接得多漂亮，这是谈判中真正意义上的顺水推舟。你现在回头仔细想想刚才这一段，袁朗是不是鹰型的一个人？成才一进来，他就挖了一个坑，然后不断地把成才往坑边赶。结果到了坑边以后，成才自己就跳下去了，袁朗直接得手。他真的是个谈判高手。当袁朗说"我也很遗憾"时，成才已经在坑里了，袁朗已经控制了整个谈判的主动权，下面就任由他发挥了。

袁朗："我们肯定你的能力，但无法接受你成为我们的一员。我不怀疑，如果在战场上，你肯定奋勇杀敌，仅凭杀伤数目，也能成为战斗英雄。可那真不是我们这支部队需要的，甚至不是现代部队需要的。"

成才："为什么？就因为这一次，一次失误？理由，我需要一个理由。"

成才现在问袁朗理由，谈判谈到这里，如果是你，是给他一个温柔的理由还是有杀伤力的理由？咱们的目的是让他离开，所以这个时候一定要断言，给他一个具有杀伤力的理由。

袁朗："理由，你太见外。"

什么叫作太见外？要从两个维度去理解：第一，你千万不要成为你所在的销售团队中，别人嘴里太见外的人；第二，你作为销售管理者，一定要识别出团队中那个太见外的人。

这种人，有这样的几种表现。第一，是说话特别地客气，而且这里有假客气的成分。第二，是虚伪，不真诚，并且从来不把自己当成团队里的自己人。这种人，如果他的能力很强，那么可以用，他单打独斗拿单是可以的。但是他有一个问题：凝聚力不行，带团队有问题。所以袁朗说成才太见外，对他的人格提出了质疑，谈判变得恶化。

袁朗："任何个人和团体很难在你心里占到一席之地。你很活跃，也很有能力。但你很封闭。你总是在自己的世界里，想自己的，做自己的。成才，我们这伙人，不只是为了对抗。你的战友，甚至你的敌人，需要你的理解、融洽和经历。"

成才："你为什么这么说我？你觉得自己完全了解我吗？"

袁朗："做个小小的测试吧。"

成才："好。"

袁朗："给我们大家解释一下，钢七连那6个字。"

成才："七连？"

袁朗："你的军龄才3年，不至于连待过两年的老部队都忘了吧？"

成才："当然不会忘，钢七连我一辈子忘不了，可是我不明白你的意思，我不明白什么6个字。"

袁朗："好了好了，我收回这个问题。我一直在想，你怎么会违背这6个字？是我们让你不安，还是你太过患得患失？现在我明白了，你在那里生活了两年，那6个字是那个地方为之自豪的根本。可那6个字根本没有进过你的心里，从来没有进过你的心里。

'不放弃,不抛弃。'"

【闪回】

钢七连连长:"不抛弃也不放弃,所以我们就叫钢七连。"

伍六一:"不抛弃,不放弃,你小子给我说话算话。"

成才:"'不抛弃,不放弃',说得没错,可是得分时候。"

【闪回结束】

袁朗:"成才,你经历的每个地方,每个人,每件事,都需要你付出时间和生命。可你从来没付出感情,你总是冷冰冰地把他们扔掉,那你的努力是为了什么?为一个结果,虚耗人生?你该想的不是怎么成为一个特种兵,是善待自己,做好普通一兵。"

袁朗问成才那6个字的时候,他为什么不记得?那6个字是他们钢七连的军魂,他为什么不记得?简单来说,他根本就没用心。

所以,请你注意一件事,"雁过留声,人过留名"。你在一个团体中,要融进它的企业文化,相信身边的人,相信公司,相信"相信的力量",那么你的人生走到了下半场的时候,你所依靠的,就是上半场所积累的这些人脉。如果你不走心、没融进去的话,当你真正要办事的时候,才发现什么也办不了。

你应该能判断出来,成才是狐型人。他始终在狡辩。他心里明明不记得那6个字,还要给自己找借口。他想留下来,但是最开始袁朗一说他,他的第一反应就是"我错了"。这么轻易地就承认错误，他真的觉得自己错了吗？不，他只是想骗过袁朗，留下来。

发现这样没用，他马上改为攻击："你凭什么这么说我？"他瞬间的变化多快！而且，他在跟袁朗对话时眼神总是飘忽不定，"狐"的个性一目了然。

袁朗说服成才的次序技术是怎样开展的？袁朗用了"问""听""说"。在销售谈判中，面对狐型对手，要用力量型的封闭式问题开始，不给对方狡辩的机会。可以主导谈判的进程，向着自己所预定、所期望的方向发展。

发展到这里，狐型的成才，服了吗？没有。当一个年轻人，发现自己追求的梦想马上就要到手，却毁在你这里的时候，他会气急败坏，拼命跟你争论。请你站在袁朗的角度思考一下，如果对方这么跟你争论的话，你打算怎么做？我们来看袁朗是怎么做的。

成才："'不抛弃，不放弃。'我当然记得这6个字，我一辈子不会忘。只是，刚才你，你问我的时候我忘了，我不知道你说的是这6个字。"

袁朗："你知道，可你心里没有，七连只是你的一个过路的地方。如果再有更好的去处，这儿也是你过路的地方。我们不敢跟这样的战友一起上战场。"

成才："我不服，你凭什么这么说我？觉得自己很了解我？在所有人里边，我得分最高、排名最前、表现最好！记不记得一个月前你说过什么？'欢迎你成为老A的一员。'是不是你说的？还有这儿，（指向胸口的徽章）这儿是什么？这说明我已经是老A了。凭什么？凭什么你一句话能把一切都否定了？我不服。"

他还是不服，而且他抓住袁朗曾经承诺的话，在狡辩。如果你是袁朗，在和成才谈判，到了这个环节，你打算怎么办？

我们需要遵循下面这种谈判的原则：在销售谈判中，当陷入纠缠时，要拉到战略层面，要站得高一些，看到全局。这个时候的战略方向，就是不必跟他纠缠，因为第一，你确实答应过这件事，你是被动的；第二，这种人特别擅长胡搅蛮缠，如果你继续跟他纠缠下去，你的新的问题就暴露出来了。所以要尽快结束谈判，快刀斩乱麻。

谁是狐型人的克星？鹰型的人。"鹰杀狐"，百发百中。但我不是让你请个鹰型人来，而是让你自己"羊"转"鹰"。之前我们讲过，"羊"转"鹰"的4步里，最后一步是学会翻脸，就是拿事实讲话。所以你看看袁朗，最后是怎么用"鹰"的事实把成才这个"狐"拿下的。

袁朗："还记得27吗？"

【闪回】

27号士兵："我找你，我就是找你！"

【闪回结束】

袁朗："我给过他机会。"

【闪回】

27号士兵:"不收回,就是找你!如果你能用我手中的这枪射击,在1分钟内打出你们所谓的合格成绩,我弃权!"

【闪回结束】

袁朗:"你知道我能做到,你和我较量过。我希望你能阻止他,可你什么也没有做。你们是同寝,一起经历过那样的艰难,你却认为他和你没有关系。你想的是,他是你的一个竞争对手,你失去的只是一个竞争者。你却没想,你失去的是一位战友。"

【闪回】

成才:"连长,我要去别的连队了,已经联系好了。"

成才:"我还以为,我就算没处下全连的人,也处下了半连的人。"

【闪回结束】

袁朗:"我对你很失望,我一直在想,这么优秀的一个兵,为什么不能把我们当成他的战友?从那天起,我开始对你失望。你们是团队的核心、精神、唯一的财富,其他都是虚的。我无法只看你们的表现,我更看重的是人。成才,你想知道,我觉得你唯一可取的地方是什么吗?"

成才:"当然,当然不是,我的射击。"

袁朗:"是在你放弃之前,喊了你朋友的名字,我终于发现这世界上还有你在意的人。可这并不能说明，你就学会了珍惜。回去吧，对自己、对别人仁慈点儿，好好做人。叫下一个。"

袁朗的话说出来之后，成才的反应是沮丧失落，一败涂地。最后袁朗说了一句"好好做人"，说明成才这个年轻人做人有问题。他做人最大的问题就是很自私，不肯打开心门，心里从来没有别人。这种需要团队协作的地方，是不需要这样的人的。后来，成才的梦想被击得粉碎，他被赶离了老A大队，整个人失魂落魄。而让他最不能接受的是，他自认为比他笨100倍的许三多都留下了。

成才被赶到草原上，也就脱离了职场的主流队伍。后来他发生了变化，原来浮躁的心开始变得宁静了。人生总是有一个阶段，当浮躁退去，宁静浮现，如果你坚持做对了某件事情，你的才干就会展现出来。成才一直没有放弃狙击练习，最后在全军比武大会上，他又以优异的成绩，重新被吸纳进老A大队。

这部电视剧的最后一集非常精彩，在一条独木船上，袁朗、许三多、成才和吴哲，这四个人都在。袁朗突然问了他们三个人一个问题："你们知不知道，我年轻的时候最像你们中的谁？"你猜袁朗最像谁？他居然最像成才。这就说明了一点：人是可以转变的。

讲到这里，我想引用鬼谷子的一句话："其身内，其言外者疏；其身外，其言身者危。""其身内"和"其身外"说的是两种关系，"其言外"和"其言身"说的是两种行为。"疏"和"危"自然说的是两种结果。

第一种关系，"其身内"，是很亲密的一种关系。例如，咱们几个人从幼儿园就在一起玩,是发小。这种关系是非常近的。但是这里总有个别的人,讲话太见外、不交心,非常假,总像中间隔点儿什么。那么这样的人,久而久之,就被朋友们疏远了,只能孤芳自赏。所以鬼谷子讲的,第一种是友谊之道。朋友之间,说话别那么见外、那么客气,有什么话直截了当地说就行了。

第二句话说的是,你作为销售的一方,跟客户的采购一方,是一种博弈关系。你们分别代表自己的利益体,追求自己的一方的利益最大化。销售一方希望价格最高,采购一方希望价格最低;销售一方希望现付现结,采购一方希望延长账期。

这本是一种博弈关系,但是总有个别的销售人员,在客户那里讲话不知深浅,当着客户的面抱怨自己领导的品行、抱怨自己公司的销售政策。如果你这么做了,就危险了。轻则让客户掌握了太多不利因素,最后对你的谈判不利。重则客户会对你缺乏信任,心想:"你对我这种外人,讲自己人的坏话,那么你出了我的门,会怎么去讲我呀?"这样,你就把自己的人品和口碑都毁了。现在你可能在打工,做销售人员,或销售管理者,但是说不准哪一天,你自己做了老板,到那时你十之八九不会离开现在的圈子。一旦把自己的人品和口碑毁了,你就永远没有机会了,这就是"交浅不言深"的来历。

第三节　搞定公关决策人的三大策略

现实中的客户往往是不同类型人的复合体

人人都知道，要想拿下项目，并且最终把钱收回来，关键是在决策人。那么应对客户老板或决策人的秘诀是什么呢？

销售人员固然需要跟下面客户的基层采购打成一片，通过他们才能使我们有机会入围并获得更多的信息，但是如果你只是跟他们打成一片，对于最后的成交和回款，没有决定性的作用。前期你把这些基层人员的关系都搞好了，但最后有一个人不签字，你就等于白干了。这个人就是他的老板或者决策人。

而多数情况下，做到决策人和老板这个级别的人，他们身上一定具备鹰型人的特点。他对数据敏感，又很强势，长期的工作氛围又使他很霸道。那么他作为甲方，我们作为乙方的话，我们是被动的。

还有一点，客户面对的可能有很多的供应商，我们只是其中的一家，也许有更大的竞争对手，比如，世界500强企业或者是一些知名企业，而我们只是一家中小企业。在产品上，我们又不具备竞争的优势。

此外，决策人多数都在40岁、45岁以上，甚至50岁以上，那么销售人员如果是20多岁、30多岁，你就相当于在跟一些父辈年纪的人打交道，在经验上必然会有所欠缺。然而，如果我们不过最终的这一关，就很难达成最后的目标。

所以在这个章节中，我们要解决的问题，就是"擒贼先擒王"，临门一脚，搞定公关决策人。

策略一：通过表现识别客户类型

我们前面提到过，客户有四种类型，分别是"鹰""羊""狐""驴"。了解他们四种人的特点以后，我们在日后的客户谈判中，要把客户进行归类。但是，大多数客户不是单一的类型，只有一种性格的人极为罕见，多数人都是不同类型的复合体。

他可能是"鹰"加"狐"的复合体，也可能是"鹰"加"驴"的复合体。但是很少听说有"鹰"加"羊"的复合体。"鹰"即使有"羊"的一面，也不会在你面前呈现出来。我们需要在实践中，找到识别他们个性的方法和工具，最终实现销售目标。

接下来我们来看一个案例。现在，你要把自己放进这里的人物关系中，假设你就是案例中的销售人员。

在客户技术总工张震的办公室，机械设备厂家的销售人员李刚正在介绍自己公司的设备情况。张震身材挺拔,硕士学历,技术方面在公司很有权威。销售人员李刚主动地寒暄了几句。总工张震突然转移了话题,问了一句:"你怎么看'一带一路'的作用?"销售人员李刚有点儿不知所措,于是赶紧说:"噢,您怎么看呢?"

请问,你觉得销售人员李刚的表现怎么样?他能不能赢得总工张震的喜欢?能通过他这一关吗?我们首先要判断一下,技术总工张震是"鹰""羊""狐""驴"中,什么和什么的复合体。

第一,由于他是在管理层的位置上,并且有一种相对的决定权,那么他身上应该有"鹰"的特质。他另外的特质,不太可能有"羊"。那么,他是"驴"的特征多呢,还是"狐"的特征多?"狐"表现得最多的是狡猾和狡辩,从这里没能看出来。那么,他有没有"驴"的特质呢?哪些角色的人身上有"驴"的特质?

举例来说,咱们在生活中都去过医院,大夫见的病人多,所以一看你的情况就能精准地告诉你用什么药。假设某人最近身上长了个东西,他有点儿担心,就到医院去看,医生告诉他,他身上长的东西可以切掉,也可以不切。这个人听了以后就有点儿蒙,因为医生给了他一个模棱两可的回答,他心里不踏实。于是他就到大城市找了一个著名的三甲医院的专家,专家给他做了仔细的检查,非常肯定地跟他说,要切掉这个东西。那这个人更倾向于信第一个医生,还是第二个医生呢?显而易见,他更相信第二个医生一定要切掉的结论。因为这个医生有一种霸道和对自己专业的坚持,"驴"的特点特别清楚。

所以，我们的案例中，技术总工张震身上应该还具备"驴"的特点。而且，钱不是他的，是公司的，所以可以判断，他具备了"驴"的特点。所以结论是，张震这个技术总工是"鹰"加"驴"型的客户。

策略二：投其所好博得客户好感

还有很重要的一点，技术总工张震刚才在寒暄中突然问了销售人员一个问题："你怎么看'一带一路'的作用？"

这件事跟他的工作并没有直接的关系，他是做机械设备的。他突然问了这么一个好像跟工作没什么关系的问题，这是好事还是坏事呢？是好事。

如果对方问的是工作问题，那你们之间只是工作关系；如果对方问的是他感兴趣的话题，双方就成了朋友关系。我们做销售的都知道，工作关系层级比较低，朋友关系的层级较高，因为你们之间更容易产生黏度和信任。我们做梦都希望跟客户升级到朋友关系。现在对方给了你这样的机会，必须抓住。

在与客户谈项目的时候，他突然扯开话题和你聊别的，如果你想把话题拉回到原来谈的问题上，该怎么办呢？我分享一些招数。

首先，你不要急着把话题拉回来，一定要就着客户的话题继续说。他不是问了你一个他感兴趣的话题吗？那你就顺水推舟，围绕他感兴趣的话题来聊。如果你对客户的话题正好有积累，也可以直接发表自己的观点。要抓住这个发展关系的好机会。

比如，对方问了一句："你怎么看'一带一路'这件事？"那么你就应该表达一点儿对"一带一路"的观点。

如果你知道这些话题，就能引起他的兴趣。比如，中国西汉的墓里，挖出来的一些石头，上面居然有双头鹰的标识，而双头鹰是罗马世界的标识。那是在中国汉代时期。而在罗马时期的一些建筑里，很巧的是在盔甲下面，居然有丝绸，丝绸只来自中国。就像瓷器来自中国，所以瓷器在英文中叫china。这是一个与"一带一路"话题有关系的点。

在面对客户的决策人进行一对一谈判的时候，他突然抛了一个他感兴趣的话题时，你是有自己的观点比较好，还是没有自己的观点比较好？我相信100%的人都认为，你要有自己的观点比较好。因为这样你才有机会跟他成为一种朋友关系，进行平等的交流。当你问对方怎么看这个问题时，对方往往会侃侃而谈，兴奋异常，他还会说："你还真行啊，也懂这个。"

在他侃侃而谈时，你可以就其中某些感兴趣的话题，继续提问，让对方继续兴奋下去，这样一来，你们聊一两个小时都不是问题。最后临走时，他可能会说："唉，还没讲完呢。"你可以对他说："下次见面，我再给你讲。"把他的兴趣激发出来，这是重要的销售技巧。

如果对方的话题，你之前没有准备过，多少知道一点点皮毛，那你就可以诚实地和对方说："我之前并没有认真思考过这个问题，不过这真是一个好问题。我的观点说出来会让你见笑的。"这时，对方会让你继续说出来。那么不用担心对错，只要你能让沟通继续，目的就达到了。

因为这个话题的任何一个点，对方都可能会有兴趣。对客户的话题说完观点以后，要记得跟他说："这只是我的浅见，我特别想知道您是怎么看这个问题的。"

比如，刚才的"一带一路"话题，你不知道相关的知识，那么你就说："我听到国家天天说'一带一路'这个事情，我很想知道，到底是什么目的呢？"诚实地跟对方说："你说的观点，我这样理解：'一带一路'，我们是不是希望跟西方的一些国家抗衡呢？"

这时，你反倒把问题重新进行了拆解，来让对方回答他感兴趣的点。记住一点：客户面前无废话。无关工作的话题，可以用来培养感情和信任，为谈项目做好铺垫。只要是他提出的话题，不管他说的是什么，我们都要能接得住。

拜访之前，可以通过引荐人，也就是你在见到总工之前接触到的技术人员、采购人员，或者通过他的朋友圈，了解一下他的喜好。比如，你看到张震总工的朋友圈里，发过一部电影《特洛伊》的图片，那么你就知道，他对西方历史感兴趣。因为想了解希腊和罗马的历史，只要看这一部电影就够了。那么你去之前应该了解一下这部电影的内容。

如果关于决策人，没有可以参考的资料，那么你可以准备一个大致的方向。男性领导通常喜欢聊历史、政治、时事，你就多储备一点儿这些方向的谈资。而女性领导一般喜欢聊孩子教育、时尚、美容，你也得储备一点儿这些方向的聊天内容。

策略三：转移话题推动业务进展

与客户的决策人聊得开心时，别忘了一点：不要沿着无关的话题聊得太远，要记得回到原本正在探讨的项目话题上。

有的销售人员跟客户聊得起劲了，走的时候忘了自己是来干什么的。记住你是来拿单的，或者是来收款的。你心里总要有一根弦。有的驴型客户的特点是不注重结果，而关注沟通的过程。聊天的过程他很爽，却不关注结果，可是你别忘了，你自己要关注结果。

当对方很开心时，你要及时拉回到自己的话题上。你可以说："今天和您学了很多知识，我受益匪浅啊。我同样希望在我们合作的项目上，能得到您的支持和指导。您看可以吗？"这么一句漂亮的话，就把沟通的重点拉回来了。

最后一句的问题是封闭式的问题。问对方"可以吗"，他的回答只有"可以"和"不可以"，你们聊得那么开心，他很大概率会说"可以"。这样，你就已经假定你们在进行项目合作了，其实现在还并没有开始。

要时刻提醒自己，不要喧宾夺主，牢记自己的目的。有一些年轻的销售人员，聊得起劲了后，会忘了自己的目的。尤其是在酒桌上，被酒精一刺激，就忘了自己是谁。这种人是不太成熟的销售人员。大多数老销售不会这样。对方聊得越起劲越好，你就做个听众。

如果你察觉到决策人这一次确实不想继续聊项目的话题，那你可以主动抛一个封闭式的问题给他。你可以说:"张工,您看下周周二上午和周四下午,您什么时候有时间?我再来拜访您,汇报项目的情况。"这时对方会给你一个时间,或周二,或周四。

刚才这个案例中,李刚就犯了一个错误,他当时不知所措地问:"您怎么看呢?"不能像他这样直接把皮球踢回去,你得有自己的观点,才能形成交流。

第四节　强压下的谈判突围工具"1+1"

未使用谈判突围工具的失败案例

我们再来看一个案例。

某建材厂家的销售员小孙，终于见到了a地产公司的销售副总裁。地产公司相对于开发商是乙方，而对于建材供应商又是甲方。为了这一天的见面，小孙做了相当长时间的努力。他是通过采购专员认识了采购经理，又通过采购经理认识了这位副总裁。这位副总裁将是这个采购项目的决策人，但是副总裁只给了小孙10分钟的时间。

这种事情太多见了，老销售都知道，10分钟算是长的了，一般甲方的高层领导只给乙方销售人员3~5分钟的时间。下面我们讲一个知识点：对方在谈判中，给你设定了一个压力源，这个压力源叫时间性压力源。压力源主要有4种，除了时间性压力源，另外3种是遭遇性压力源、情境性压力源和预期性压力源。

副总裁给了小孙10分钟的时间，给他设定了一个时间性压力源，压力源就是压力的来源。对销售人员来说，最后期限（Deadline）马上就要到了，自己还没完成销售任务；或者到月底了，销售款还没收回来，都会有压力。我们的案例中，小孙就遇到了这种压力。

因为时间有限，小孙快速地介绍了自己，又把本公司的设备情况，做了较为详细的介绍，刚好10分钟。甲方的秘书进来了，说会议要开始了，于是副总裁就让小孙把资料留下，走出了办公室。

请问，作为销售人员，小孙的表现怎么样？他能不能通过副总裁这一关？请把你自己想象成销售人员小孙，来想想他到底表现得怎么样。

小孙的表现，中规中矩。大多数的销售人员都是这么表现的。但是，作为他的销售管理者，会觉得有一件非常遗憾的事情——小孙错过了一次难得的机会。他和副总还有下次见面的机会吗？大概率是没有了。那么，小孙的问题到底出在哪里呢？

甲方的副总裁给了你10分钟，你要不要详细地介绍设备？

不需要。因为这个级别的决策人对设备并不感兴趣，对设备感兴趣的是采购人员和技术人员，这时你得聊副总裁感兴趣的话题。你之前已经认识了采购专员和采购经理，所以你来见副总裁之前，应该做好准备。与客户的关键决策人见面，前面的准备非常关键，你要用99%的时间用来做前期的准备，通过之前接触的采购专员、采购经理，所有的人，去了解下一个节点要见的人的喜好。

使用强压下的谈判突围工具"1+1"

10分钟的时间，你是详细介绍产品设备，还是利用短短的时间，给对方留下好印象，为下次见面做好铺垫呢？一定是后者。这里分享一个非常棒的工具"1+1"，它是强压下的谈判突围工具。简单的动作练到极致，就是绝招。

知道是一回事，做到是另一回事，中间缺了一个方法论。"1+1"就是中间搭线的这个工具。面对对方的决策人，第一个"1"，是时间再短也要给对方留下印象，而第二个"1"，是要主动约见下一次。

这里牵扯到两个问题：第一，怎么在短时间里给对方留下印象？第二，用哪些方法来约见下一次？

要想在短时间内给对方留下印象，就要塑造个人品牌，也可以理解为现在人们常说的个人IP。

一个民营企业首任老板的个人品牌，将决定企业的文化。说到底，民营企业就是老板文化。你们公司也一定有自己的文化。而作为销售人员，你还要有自己的个性，才能打动客户，利用"1+1"的工具，推进销售过程。

关于给对方留下印象的个人品牌问题，下一节会更详细地进行讲解。

关于和客户约见下一次，要使用破解压力谈判的4步法。这部分内容，我们将在本章第六节进行讲解。

第五节　塑造个人品牌四大特征

上一节，我们提到了塑造个人品牌。具体怎么做呢？只需要掌握四大特征，你的个人品牌就可以塑造起来了。接下来，我们逐一来讲一下。

特征一：独特性

第一个特征，要塑造个人品牌的独特性，就是"我有，别人没有"的东西。中外名人中，有个人品牌独特性的，可以举出很多例子：汉武帝刘彻、拿破仑、马拉多纳。个人品牌有一个特点，它没有好坏之分，关键是有特征，能被别人记住。

你有独特性吗？你有与别人不一样的地方吗？我做培训的时候发现，这一点"90后"会表现得更突出，而"70后"和"80后"则稍显拘谨，包括穿衣风格、言谈举止。

现在的年轻人，一方面，因为比较年轻，可以有很多的选择；另一方面，他们比较有经济实力，可以展现自己的独特性。但光有独特性是不行的，还要有正确的价值观，要有其他方面的优势。

特征二：相关性

第二个特征，要塑造个人品牌的相关性。被别人需要是一种幸福，这是建立人脉的重要原因。不管你在哪一个城市生活，不管你家里有几口人，你这辈子都做不到万事不求人。尤其是当你人到中年，上有老下有小的时候。

人脉是怎么搭建起来的？别人求你办一件事时不要怕麻烦，要尽己所能地帮他，让他欠你一个人情。回头你再求他办一件事，你的人脉就搭建起来了。

例如，现在我们做销售，有一些同事在一起工作，这是你很好的人脉资源。因为如果你在35岁之前找工作，那么年轻是你的本钱，你的学历背景也是你的本钱。当你到了35岁以后再找工作，很多企业已经设置了门槛。到了40岁以上，你没有了年龄优势，这个时候就很尴尬了，此时你要靠的就是人脉。朋友帮你互相介绍一下，是一种信任的背书，也许可以帮你找到好工作。

这就是我们所讲的相关性。你的存在，要对别人有价值。

再如，很多人去大学里读MBA和EMBA，除了学知识，他们花那么多钱去读书，一个很重要的原因就是要交换资源、增加人脉。不是单纯地增加人脉，前期你得有资源跟对方进行交换才行。所以，你在去读MBA和EMBA之前，得有一些别人可用的资源。

特征三：特定性

第三个特征，要塑造个人品牌的特定性。不管你怎么努力，你都不可能被所有人喜欢。所以，人只需要被自己特定关系的人喜欢，就足够了。这就是个人品牌中的特定性。

比如，你的亲人、老板、同事、下属、客户，只要这些特定关系的人欣赏和喜欢你就够了，其他人都无所谓。比如，你打车时，出租车司机是否喜欢你，对你来讲一点儿都不重要。

只关注特定的关系，这样的好处在于，我们可以把精力和资源集中在重要的人身上，而不必去浪费时间和资源，因为销售人员的资源就是时间和你有限的资金投入。

特征四：一致性

第四个特征，要塑造个人品牌的一致性。在建立客户关系时，任何"过山车"式的为人处世，都是最伤感情的。

从销售的角度来看，原来你不认识这个客户，现在做单要通过他，你就请他吃饭，对他献殷勤，把这个订单拿下。拿下以后，你感觉不一定用得上他了，不仅不再请他吃饭，连重要节日的问候信息都没有了，人间蒸发了。

下次再做单的时候，你发现这个人又升官了，于是你又请人家吃饭，但是做到这个级别的人，还差你这一顿饭吗？再说，这个社会谁还在乎一顿饭？而且他发现你这个人特别势利，那么你的公关成本就上去了。

所以，我建议你要保持一致性，一致性的特征就是成本低、黏度高，比你忽上忽下地对待客户要好得多。多做雪中送炭的人，少干锦上添花的事。

现在请你来给自己打分。如果这四个特征，每一项的分数满分是10分，你自己做到了几分？

把这4项得分加在一起，除以40，乘100，得出百分比。看看你自己达到了多少？大于等于90%的，很优秀；大于等于80%的，相对良好；小于80%的，请看一看自己哪个地方出了问题。

请你再思考一下，塑造个人品牌的这四个特征里，哪一个特征在客户那里最难实现？有的人可能会认为，最难的是一致性，因为平时忙着做业务，要开发新客户，还有很多老客户要维护，确实很难保持一致性。还有的人认为，相关性特别难。因为你不知道对方的深度需求是什么，你给的不一定是他要的。这两种答案都错了。

经验告诉我，这四个特征中最难做到的是独特性。因为客户根本记不住你。现在的产品，同质化特别严重，客户记不住你是哪一家的销售，也看不出你的产品有什么差异化。怎么办？

分享一下我的观点。你只需要抓住客户的相关性，然后不断重复。你对他来讲就是独特的、不可替代的。你的发力点是相关性和一致性，但你得到的结果是独特性。

你要做的事情就是，找到客户有哪些需求，尽量满足客户需要的，少量满足客户想要的。只要你做得比竞争对手好，客户必然会采购你的产品。

注意事项

塑造个人品牌的4个特征里，还要强调几个注意事项。首先是个人的形象、穿着方面。客户是依赖视觉的，你的外在形象被认为是一种表达，诠释着你的内在是一个怎样的人。这些年，我在上千次的课程中，与超过10万名销售人员接触过。我发现，穿着最好的销售人员，总是那些在本行业中赚钱最多的人。这方面的投入其实是有一些窍门的。如果你经济条件有限，就要在打折季买衣服。你有5000元的预算，就买原价1万元的西服；你有2000元的预算，就买原价5000元的西服。几百元的衬衫跟几千元的衬衫，差别是很大的，使用的材料是不一样的。

如果客户喜欢你，这些衣着的细节不会妨碍销售过程。但是如果客户对你的态度是中立的，甚至是负面的，细节做得不够好，就会成为你在销售道路上前进的绊脚石，并常常让你的努力化为泡影。

此外，还要注意你个人的仪态。把背挺直，不要驼背。含胸驼背的样子，让人看起来不自信。你要想象你的头悬在一根线上，把你整个身体吊直，抬起你的下颌部直视前方，平视对方。这代表的是对对方的尊重和你骨子里的自信。走路时也要带着力量和自信，千万不要低着头。低头走路会让人觉得你对你的方案心中没底。加快步伐，不要拖着脚走。有的人走路时喜欢蹚着脚，拖出声音来，给人感觉特别懈怠，精神面貌很不好。想象你有很多地方要去，有很多人要见，做到步伐轻快、自信。

还要注意你的言行举止。在上海的一次经历给我留下了深刻的印象。我住在虹桥附近的一家酒店，一天下课后，我去酒店的健身房跑步。健身房中有几个人，包括一个戴着棒球帽的女孩在进行拉伸运动。大约十分钟后，一个中年男士进入健身房，显然他认识那位女孩。他当众对她说："平时只见你穿裙子，没想到穿紧身裤也这么有曲线。" 这番话不禁让人感到不适：首先，这位男士的言辞缺乏分寸，显得轻佻；其次，这样的言论可能会让人对与他交往的女性产生负面看法。这件事让我深刻认识到，作为一名男性销售人员，不仅外表和言谈需要干净得体，更重要的是从内心尊重女性。这不仅是职业形象的关键，也是为人处世的基本准则。

这一切的努力，都能帮助你塑造个人品牌，让对方对你印象深刻。

第六节　破解压力谈判四大步法

前面讲到，强压下的谈判突围工具"1+1"。第一个"1"，是塑造个人品牌。给客户留下印象之后，第二个"1"，是我们要与对方约见下一次。

前面的案例中，副总裁只给了销售人员小孙10分钟的时间，怎么利用这10分钟？怎么才能与客户约见下一次呢？这里给出几个方法，可以作为参考。

方法一：了解对方的喜好

第一个方法是了解对方的喜好。

原来那些吃喝玩乐的喜好，人们越来越不喜欢了，变得越来越注重健康，也会有一些运动的喜好。有哪些球类运动是可以跟客户一起进行的呢？

有人认为，打高尔夫球是比较经典的商务运动。这要分企业。有一些企业，尤其是大型企业，是不允许打高尔夫球的，这属于高消费。有哪些球类运动，又便宜又能和客户在一起进行呢？比如羽毛球、乒乓球、足球、网球等，这些球类运动都可以跟客户在一起进行。

反正只要是运动，能跟客户一起进行的，哪怕不是球类运动也可以，比如爬山。各地都有一些山，有的地方爬山的时间刚刚好，上山、下山共计一个半小时，约上客户走一走，又不是特别累。比如长沙的岳麓山、北京的香山、广州的白云山，都可以。如果是在杭州，从苏堤进去，白堤出来，走一圈大概70分钟，也很好。

还有一些年纪大一点儿的客户喜欢钓鱼，钓鱼恰恰是有时间可以进行更近距离交流的运动，而且相对来说比较有私密的空间。

哪些运动是不合适的呢？游泳就不太合适。游泳的时候大家都穿得很少，暴露了身材，有些人身材并不是特别理想，也不愿意暴露，如果你主动提出跟客户游泳，对方会觉得有点儿尴尬。

请你谨记，做销售，说话办事得体是一种修养。怎么衡量是否得体？原则是，只要不让对方感到尴尬，就是得体；让对方觉得尴尬的事，就不得体。

现在还流行一种运动，就是跑步。我接触了一家企业，老板大概40岁，很喜欢跑马拉松。他要求他的管理干部，只要升到事业部一级的总经理，至少得跑完一个半马。

我这几年到他们公司做培训，每年都发现有很大的变化，原来胖的人现在都变得很纤瘦。有一次他们公司有一个人跟我打招呼，我竟然都没有认出来。他用3年时间，从190斤瘦到了只有126斤。

有一些客户的企业文化里，本身就有一些喜好，我们就可以把它融合进去。

西方人喜欢喝咖啡，中国人喜欢喝茶。茶文化也是一件好事。大家互相送礼物，茶叶也是一种好的选择。

我有一次见一个企业家，一走进他办公室，就看到了各种花仙子的手办，他从小就喜欢收集这些东西。如果你有这样的渠道，看到一些特别有意思的手办，就可以送给他，价格又不是很贵，还能让他知道，他这些喜好你都记得。这是一个很好的拉近关系的方法。

方法二：转介绍第三方关系

第二个方法是转介绍第三方关系。要建立相关性，利用好你的人脉。

比如，你的客户也想在行业中认识一些有影响力的客户，如果你刚好是这个客户的供应商，或者之前有过联系，你可以帮他牵线搭桥。

比如，客户想了解一些行业协会中的技术专家，希望专家能给他们提供一些宝贵的意见，你也可以帮忙介绍。

再比如，除了工作方面，他到了这个级别，一不缺钱，二不缺社会地位，但他最愧疚的可能是没有照顾好家人。因为他平时工作忙，总是没有时间陪家人。但是，家人中有两个他很关心的角色，就是老人和孩子。老人牵扯到看病的问题，孩子牵扯到教育的问题。如果在他需要找医生的时候，你能帮他找到名医，在他最脆弱的时候帮上一把，就能体现出你跟他的相关性。或在孩子教育方面，如果他遇到了什么困难，你能帮忙的话，他也会非常感激。

所以，转介绍第三方关系是个好的方法，但这部分的资源，你要提早做一些储备。

方法三：交谈中适当留白

第三个方法是交谈中适当留白。想一想，留白是什么专业术语？你一定会想到国画。一张白色的宣纸，画上水墨丹青后会留下一些空白，是为了给观赏者一个想象的空间。这在中国画里就叫留白。在谈判中怎么用留白？

副总裁只给了小孙10分钟的时间，时间特别紧。但是时间越紧越不要把时间用满。可以说5～6分钟，然后留下一句："您看您还要开会，肯定还要再准备一下，我就不再打搅您了。您看下周周二上午或周五下午，您什么时候有时间？我邀请我们总经理再过来拜访您一次。"

这么说的好处，第一，让对方觉得你这个人特别为他着想，觉得你懂事。"懂事"这个词，在中国的语言里，是一种很高的评价。客户说"这人挺懂事"，那么你的事情大概就成了。即使不成，他对你有个好印象，今后也还是有机会的。第二，你这么说，会引起他的好奇，他发现别人10分钟都不够，你5～6分钟就够了，会觉得你对你的产品很自信，他会倒想看一看到底是什么样的产品。

所以，在交谈中留白很重要。

方法四：结束时使用豹尾

留白可以使用，但是在这个工具后面，一定要加上一个配套的工具——豹尾。我们在小学语文中也学过，写作文收尾一定要有力量，这就叫豹尾。上文中小孙是这么问的："您看下周周二上午或周五下午，您什么时候有时间？我邀请我们总经理再过来拜访您一次。"读到这里的读者一定很明白，这是封闭式的问题。

如果问开放式的问题："您什么时候有时间？"对方的回答往往就是"再说吧，没时间"。当你前面留白，留下了好印象以后，后面的豹尾，一定要敢于提要求。

"羊"转"鹰"的时候，要主动提出要求，让对方二选一。因为你在前面给他留下了好印象，他觉得你懂事，所以约见下一次就顺理成章了。这种方式用起来非常有效。

有技巧地赞美客户

除了以上这些方法，还有一个方法——喜剧演员法。从北方到南方，中国的地域很广，文化差异也很大。大家对于喜剧的喜好差别也很大。东北有赵本山、小沈阳；京津冀地区，有郭德纲和于谦；四川有李伯清；香港有周星驰。想一想，喜剧演员上台是怎么表演的呢？他一上台，面向观众，第一件事就是先自嘲或者自黑。这么做的目的是把自己放低，同时等于把观众抬高。你被别人抬高、被别人尊重的时候，就放松了，一放松，你的笑点就变低了，他给你个包袱，你就笑了。喜剧演员法，在销售谈判中就是恭维对方。

教你两种恭维对方的方式：初级恭维和高级恭维。销售人员嘴要甜，嘴甜的人总不会招人烦。客户关系搞得好的，特别受欢迎的，都是嘴甜的人。

低级恭维是以说为主，要说夸奖对方的话。举例来说，副总裁的桌子上有一张照片，是他的独生女儿在国外获得了学士学位，戴着学士帽的照片。这一定是恭维的好素材。

不要只是说"您女儿可真优秀"，这句话说完，后面一定要有相关性，接下来可以说："她遗传了爸爸的好基因。"或者说："哎哟，您女儿长得可真漂亮，长得真像您。"他一定会高兴。或者也可以说："哎哟，您女儿都这么大了！"下一句话，说不说他都明白了，你在夸他年轻。

不管是男人还是女人，到了一定年龄，你只要夸对方年轻，通常都爱听。注意，20多岁的女人，你夸她年轻，她不爱听，因为她本来就年轻，反倒会想多了。我做过调查，35岁以上的女人爱听别人夸她年轻。但是，你别傻乎乎地问人家多大岁数，年龄是秘密，是隐私。男人通常在45岁以上，才喜欢别人夸他年轻。

恭维别人有一个禁忌，如果你控制不了尺度，就不要恭维了。

高级恭维，就不是自己说了，而是提问。你的目的是让对方多说话，这样你才能仰视他。所以一定要问开放式的问题。

在销售谈判中，面对对方的决策人，你要设计一个开放式问题，给对方一个机会，表达他优秀的成绩、骄傲的历史，以及可以炫耀的过去。

怎样才能问得漂亮呢？给大家介绍一个工具——赞美三段论。它由三个部分组成。首先说："我发现您有一个特别好的地方……"然后说："我认为您之所以能够达到这样的一个成就，原因是……"最后说："您的这个成就，对我产生了这样或那样的影响。"或者是："请教一下，您是如何做到的？"

比如，刚才见到了副总裁的女儿这张在美国获得学位的照片，你可以说："我发现您女儿读的是美国一个非常好的藤校[①]。"然后说："我认为，孩子能取得这样好的成就，是和您正确的教育方法分不开的。"最后说："我也有一个女儿，我也想把她培养得像您女儿这样优秀，但我一直不知道该用什么方法，我很想请教一下，您是如何培养的？"

这样问问题，又问到了对方感到特别高兴、荣耀的地方，同时也让他愿意打开话匣子，跟你去介绍他的教育方法。

再比如，对方是负责环保的一个领导，那你也可以这么说："我发现最近咱们城市的空气越来越好，而且PM2.5的数值也比原来降低了很多。"然后说："我认为取得这样好的成就，和您带领

---

① 藤校，美国常春藤联盟中的院校，其中的高校全部是美国一流名校。

城市搞环保建设是分不开的。"最后说："我比较了其他城市，远不如我们这里做得好，我想请教一下您，是如何做到的？"

例如，想夸对方瘦了、减肥成功了，那你可以这么夸。首先说："我发现您比上次又清瘦了很多。"然后说："我认为您之所以能够瘦下来，和您的自律以及您有效的运动方式分不开。"最后说："我也想减肥，可是总是失败，我很想请教一下，您是如何做到的？"他会告诉你，他怎么去运动，怎么去注意饮食。话匣子就打开了，他会非常愿意把这件事情分享给你。

你可以在自己的脑海中设计一下，当你面对客户时，要怎么使用赞美三段论。有一个小建议，请一定作为参考。赞美三段论，夸人不要夸现象，要夸现象背后的素质和能力。

比如，现象是一个人的身材保持得很好，你不要夸这个。你要问："您保持这样好的身材，是如何做到自律的？如何参加各种运动？"这才是他背后的素质和能力。

如果对方很博学，你要夸："您很博学，什么事情都知道很多，您平时都是怎么分配时间来读书的呢？"上次我遇到一个清华大学的教授，他去外地出差上课，5点下课，从5点下课到机场，到他12点左右回到自己家里，中间有7个小时。这7个小时，他的耳机一直开着，在听书。表面上博学的人，背后一定有多于常人的付出和努力。

当然，还有一个技巧是要学会送礼。之前我们讲200～300元的预算，送性价比低的礼物。在这里，稍微补充一点儿内容。送东西很容易，但送出创意来其实是不容易的。送礼是一种特殊的表达方式，重要的不是礼品本身的价值，而是送礼的方式，所表达的情感是否到位。送礼有几点技巧，要注意。

第一，把握送礼的尺度，要以法律规定和公司制度为红线，不能做犯法的事，不能成为商业贿赂。

第二，送礼的时机很重要。对于有一定地位的人，礼物本身很难吸引他，对他有价值的，是这个礼物是谁送的，以及为什么要送。比如，可能是他一个非常重要的纪念日，礼轻但有专属感，让他觉得这个礼物是专门为他定制的。

第三，尽量送一些客户日常能用到的东西。比如笔记本、签字笔、水杯，可以印上客户的名字，而不是你公司的标识和名字。千万别送那种让他拿起来不方便的东西。比如，客户出差时会带个小行李箱，有的人非得送一个比箱子还大的东西。其实礼物本身不值钱，而且这个东西他也没办法拿。在这种情况下，如果是特别有意义的礼品，你不妨帮他快递回去。

05

颗粒归仓　回收货款

第一节　赊销的十大好处与六条实操建议

接下来，我们重点讲一讲关于销售回款的问题。

我们以往收不回账款，原因是在销售前期的某一个步骤中"埋了雷"。比如，你抬高了对方的预期，结果他的体验很差；你许了一些自己做不到的承诺，结果客户以此来要挟你，不给你钱；你前期对客户分析得不够，结果导致一些恶性的客户进入了你的客户群体里。

以上任何一个"雷"炸了，你的账款都很难收回来。所以收款不是一件单一的事情，它是一个系统。导致最后没收回来账款的原因，不是某一个点出现了问题，是某一个阶段，或整个阶段出现了问题。

许多销售人员和销售管理者，经常会在营销战略中产生纠结。是赊销还是不赊销？

赊销的概念你一定懂：把货先给对方，然后再把钱收回来。

关于是否赊销的问题，有一种观点是，赊销就是找死，必须坚持现金交易。你也许对这句话特别有感。但是我要提醒你，如果你无法开发新的客户，无法推进与大客户的合作，没有营收，那你也是在等死。

我认为赊销至少有十大好处，下面我们详细来聊一下。

赊销的十大好处

第一，赊销可以减少库存，增加销售额。

同样的情况下，我们提供很好的信用政策，对客户来讲类似于无息贷款。比如，货到30天后付款，他至少有30天的周转期。而且是不需要支付利息的。对于我们来讲，好处就在于库存减少了，销售额增加了。

第二，对于季节性产品，防止过季后产品滞销的风险。

比如，冬天已经过去了，大家都穿上春装，开始买夏装了。那么过季的冬装，可以先拿一部分货给北方地区，赊销一部分。这里还有个季节差的问题，有机会卖掉更多的产品。

第三，通过这种赊销的举动告诉客户，"我信任你，尊重你"。

为什么给你赊销？因为我们知道你未来会付款，也就是说，我们认为你是讲诚信的人。我们的态度是"我信任你，尊重你，我希望，也愿意和你合作"，通过赊销传达了这样的一种好感。

第四，提高企业的竞争力，可以轻松面对价格战。

竞争对手可能在价格上有一点儿优惠，但是要现金交易。而我们这边的情况是赊销，让客户有一部分资金周转，不用先付款。但我们的价格比竞争对手高一点儿。这样的好处，对我们自己和客户来说都非常明显。

第五，可以快速占领空白市场，提高市场占有率。

先去铺货，在各个渠道中，瞬间就把货铺上了。货铺上了，其实就代表着达成了占领市场的关键一步。

第六，可以通过这种方式告诉客户，我们很有实力。

如果我们没有实力，怎么能有资金来支持你把货先拿去？至少我们准备了足够的货，有这样的实力，你不必担心。

第七，节省成本。

如果我们是一家小公司，不需要很多销售人员，可以节省费用。销售人员不断地去推销，差旅费和员工工资都是花销。如果赊销，这些费用就不用花了，跟客户说，我们先把货给你，这也是个优势。

第八，可以把产品卖个好价格。

我们既然赊销了，给你提供了这样的资金支持，那么价格方面，就不要再跟我们计较了。所以这时，我们有一个好价格，就有好的利润。

第九，能够刺激整个市场的购买力。

这就跟买车、买房子是一样的。客户贷款还有一个问题，是他要付利息。赊销没有利息，无息贷款多有诱惑力啊。整个市场的购买力就刺激上来了。

第十，可以增加客户对我们的忠诚度。

相对于其他人来讲，客户会一直留在我们这里。客户对我们的忠诚度，可以在很大程度上形成一种正向循环。

以上就是赊销的十大好处。

假如我们新开发了一个客户，到底赊销还是不赊销呢？赊销以后，你可能会遇到回款慢或回款难的问题。那么，接下来我们分享一些应该掌握的赊销技巧。

赊销的六条实操建议

第一，一个新开发的客户，他提出货到30天再付款的要求，希望能够赊销，但是你又担心提供了赊销以后，到期收不到货款，怎么办呢？

我的建议是，对于新客户，对他的情况并不是特别了解的情况下，尽量现金交易，避免赊销。因为对新客户提供赊销，确实还是有风险的，就像开盲盒一样。

第二，如果对方是行业内的大客户，而你正准备把客户攻下，那就可以提供赊销。

这样的客户，采购潜力是很大的，也意味着我们要从竞争对手那里把他抢过来。如果你没有足够的子弹，给他利益驱动，他凭什么跟你合作呢？而且，行业内大客户的信用往往是不错的，要不然他也做不大。所以在行业中口碑很好、品牌效应不错的客户，风险没有那么大。

这时，你要从竞争对手那里抢一些客户资源过来，提供赊销就好比是一种进攻武器。客户感到真正实惠以后，才有可能选择与你合作。

第三，即使是行业大客户，在提供赊销之前，也要对其做好信用评估，在开拓客户阶段为你保驾护航。不能盲目地提供信用支持。

赊销是一回事，信用的程度有多大是另外一回事。账期是30天，还是60天呢？信用额度是100万元，还是200万元？都是很不同的。

第四，赊销前的信用评估是"防火"，一旦发现客户的信用有问题，果断采用现金交易，拒绝赊销。

在对客户进行信用评估的时候，选出自己认为重要的5个评分因素，分别给予所占的权重。

第五，一定要注意，你所选择的因素，是可以获得有效信息的因素。比如，现金流量表。如果你拿不到真实的数据，其实也没什么用。将新客户得分与老客户得分进行比较，要设置一个明确的标准，然后进行衡量，如果新客户等于或高于老客户信用的平均分，那么可以赊销。

第六，客户提出要求时，你可以用赊销来换取高价格。

赊销是提供给客户的无息贷款，客户已经享受优惠了，那么对等的做法是，你可以适当提高销售价格。而客户为了获得资金周转期，也愿意接受你的报价。

第二节　及时收款的重要性

一、如何看待坏账和呆账

对于企业来说，坏账和呆账会给企业造成很大的损失。这里先得把两个概念搞清楚。什么是坏账？什么是呆账？

你首先要了解，什么是会计？什么是财务？会计是对以往发生的事情进行记录的人，简单来说就是记账。怎么衡量会计的工作是否结束？生成3张财务报表：资产负债表、损益表、现金流量表。到此为止，会计的工作就结束了。

英文中会计的单词是Accounting。英文中财务的单词是Finance。3张财务报表生成以后，财务人员要对财务报表进行分析，做好投融资决策，并参与管理工作。

收款我们要找谁？会计是记账的，财务是搞管理的，当然是找财务。因为他负责公司资金的运营。

那么什么叫坏账和呆账呢？坏账，是指收不回来的，做成费用的资金。呆账，是暂时收不回来，未来有可能收回来，也有可能收不回来的资金。两者是有差别的。

坏账和呆账之间又是什么关系呢？请看下面这个场景。

今天是圣诞节，负责设备销售的销售人员欧阳，怀揣25万元的支票高兴地去公司了，他把钱交给财务部，准备去和朋友们过节。这可是他参加工作以后过的第一个圣诞节。

这个新开发的客户，总共购买了欧阳50万元的货，而公司的毛利率有10%。客户先前已经支付了15万元，加上这25万元，总共40万元了，欧阳决定好好庆祝一番。

请问，你有过销售人员欧阳这样的经历吗？欧阳给公司赚钱了吗？如果你学过会计，可以把会计科目写出来。如果你不是学会计的，把销售科目写出来。如果连销售科目也写不出来，把你所认为的账写出来。会计的原则就是"有借必有贷，借贷必相等"。

比如，他这个科目是借，总共收回40万元，这40万元都进了银行存款了，所以是"借：银行存款40万元"。那有多少钱没收回来呢？10万元。所以是"借：应收账款10万元"。有借必有贷，这里是"贷：主营业务收入50万元"。

借贷必相等，会计还要结转成本，所以，要写上"借：主营业务成本5万元"。因为毛利率是10%，他的成本是5万元。同时他把货给了客户，要记上"贷：库存商品45万元"。

还有一个利润结转的科目，我们就不讲那么复杂了。

会计把这些内容计入了当期损益表。损益表的结构是，上面是第一行,"收入增加50万元,成本45万元,毛利5万元",于是欧阳拍着胸脯说:"我给公司赚了5万块钱。"

其实,他这话说得有点儿早了,因为他还有应收账款10万元没收回来。如果未来这10万元他只收回了5万元,还有5万元没收回来,那等于收支相抵,利润为0。如果这10万元都没收回来,等于他致使公司亏了5万元。

所以,我们得出一个结论:赊销不等于销售,完全销售才是真正的销售。什么叫完全销售?把货卖出去,把钱全额收回来,这个过程叫作完全销售。

而你把产品赊销出去,得到的只是一张证明债权的凭证,说明交易还没有结束。债权凭证真正有用的时候,就是打官司的时候。那时出具凭证,法院来支持你催讨欠款。

可是你想,谁愿意走到打官司那一步呢?如果真到了那一步,你即使通过打官司把钱收回来了,彼此之间也撕破了脸,生意也没的做了。所以债权凭证,只是起到了一个保证的作用,而赊销是具有融资性质的交易行为,有风险,也有成本。

二、难以及时收款的心理误区

有的观点认为,收回逾期账款必然会破坏客户关系,很多人有这个困惑。那么我们来看第二个场景。

这已经是欧阳在公司过的第三个圣诞节了,回想这三年艰苦的销售工作，他心里有很多感慨。

他刚给A公司的王经理发了节日祝福信息，而他自己心里其实挺复杂。王经理是一个很热情的人，在欧阳和A公司建立关系的过程中，帮了他很多忙，但欧阳在回收货款上，还要不断地麻烦他。A公司的付款流程比较复杂，作为自己的一个大客户，欧阳其实总是担心自己的催款行为会影响双方今后的合作。

请问，你有欧阳这种心态吗？如何调整心态呢？我做过很多次这样的调查，很多销售人员都说："有这种顾虑。其实我能把货卖出去，是有能力把钱收回来的。但是我又担心收款的时候，如果过于严厉，会破坏客户关系。"

在这件事情上，大家走进了一个误区。因为你没有从全局来看。我们在欠别人钱的时候，心里都会有负担，希望赶快还完钱。因为咱们不习惯欠着别人的钱过日子，尤其不习惯欠别人的钱过年。但是，假设最近你确实手头紧，没有能力还钱，在这种情况下，你是希望天天见到对方呢，还是最好先别见他？当然是最好先别见他。因为还欠人家钱，会不好意思。

所以，客户累计欠你的钱越多，时间越长，越有可能在不通知你的情况下，到你的竞争对手那里去进货。原因至少有两个：第一，他不好意思见到你；第二，他还得做生意。

所以我们得出一个结论：收款等于创造二次销售，没有收款，就没有二次销售的机会。也就是说，他最后离开你，从别人那里去进货，是因为你没去找他收款。

还有一种情况是，当你的亲朋好友跟你借了钱之后，你想要回来，但对方找到一个理由不还钱，你就心软了。因为你觉得有这层关系在，不好意思去逼人家。

我们这种不好意思，坏了好多事。如果你有这样的困扰，读到这里，可以马上给欠你钱的人打电话或者发微信，直截了当地说："你那时候跟我借的钱，现在我需要，请你还给我。"不需要解释，也不需要理由。

你要这样想："你欠我的钱没还给我，我想管你要钱，心里总是有障碍，所以影响了我跟你之间的关系。即使我们继续维系着关系，中间也总是夹着点儿什么。我跟你不是见外的人，当时我把钱借给你了，现在我需要把它收回来，收回的目的，是使我们心里都舒服，能够长期维系关系。我现在是本着这样一种积极的态度，管你要钱。"

这样做有两个作用。一是，对方欠你钱，看你直截了当地要，他也没有什么其他的借口，会觉得你是个正直的人，多数情况下他会把钱直接还给你。二是，他继续找借口拖延，那么这时你更要警觉了，这个人的人品有问题。你不仅要加大收款的力度，而且很有可能在你把钱收回来以后，跟这个人不再发生金钱来往。因为他不是一个诚信的人。你的收款行为，又起到了一个试金石的作用。

对于销售人员来说，只有收完款，才算是完成销售。收款不仅能给你带来成就感，还能维系你跟对方的关系。如果对方是正直善良的人，你能试出来；同时，你也能得到他的尊重。今后，你们之间才会有更长期的合作。

总结来说，客户所欠的货款越多，时间越长，偿还就越困难，越容易导致他转向别的公司。相反，催款时你表现得越敬业、越专业，越能受到客户的尊重和重视。

三、用数据分析及时收款的重要性

你真的给公司赚到钱了吗？坏账需要额外销售额来弥补，而必须增加的额外销售额如表5-1所示。

表5-1　必须增加的额外销售额

销售净利润＼坏账	2%	4%	6%	8%	10%
500	25,000	16,666	12,500	10,000	8,333
600	30,000	19,999	15,000	12,000	9,999
700	35,000	23,333	17,500	14,000	11,667
750	37,500	25,000	18,750	15,000	12,500
800	40,000	26,667	20,000	16,000	13,333
900	45,000	30,000	22,500	18,000	15,000
1,000	50,000	33,333	25,000	20,000	16,667
1,500	75,000	50,000	37,500	30,000	25,000
2,500	125,000	83,333	62,500	50,000	41,667

我们来看一下这个表头。横行表示销售净利润率，2%～6%，纵轴表示坏账，500～2500元。

假设某个销售人员做了一单业务，大多数钱都收回来了，现在有500元坏账没收回来，而公司的销售净利率是2%，那么这500

元的坏账给公司造成的损失需要额外增加多少销售额呢？就是500÷2%=25000（元）。也就是要再卖25000元的货，才能把500元的坏账损失给弥补回来。

如果坏账是5万元，要增加250万元的销售额，才能损益相等。如果坏账是50万元，就需要额外增加2500万元的销售额。2500万元的销售额很不容易做，而一单50万元的坏账，没给公司赚1分钱。

这个表格呈现出来的是，坏账损失的是净利润，而不是销售额。也就是说，如果公司对你的KPI考核的是净利润，你得知道钱从哪里损失掉了。而对于老板来讲，这些钱全是真金白银的现金。可见坏账对公司的损失有多大。那么请你想一想，坏账和呆账，谁的损失更大呢？

那么，我们都是在给银行打工吗？关于货款拖延对利润的吞噬，我们来看一组借款成本与销售净利润的数据，如表5-2所示。

表5-2　应收账款可拖延的盈亏临界时间

借款成本 \ 销售净利润	2%	4%	6%	8%	10%
5%	4.8	9.6	14.4	19.2	24.0
6%	4.0	8.0	12.0	16.0	20.0
8%	3.0	6.0	9.0	12.0	15.0
10%	2.4	4.8	7.2	9.6	12.0
12%	2.0	4.0	6.0	8.0	10.0
15%	1.3	3.2	4.8	6.4	8.0

这个表头的横行表示销售净利润，2%～10%，纵列表示借款成本，5%～15%。

也就是说你的应收账款被客户占用了,但是这笔钱不是白来的,是你公司从银行贷款借过来的,而银行的贷款利率可能是4%~6%,如果是高利贷,则可能要高到15%~20%。现在假设你公司的平均年融资成本是12%,销售净利润率是2%,那横行纵列相交,得出了2.0这个数字。

它是怎么测算出来的?它的单位是什么呢?

你可能想不到的是,2.0的单位是月,2.0代表两个月。如果你公司的平均年融资成本是12%,你的销售净利率是2%的话,你的应收账款被客户占用两个月,60天。

60天以后,你就是把钱收回来了,也等于是白干了。因为你赚到的所有利润,都用来偿付银行的借款利息了,我们都是在给银行打工。这是你们公司应收账款可拖延的盈亏临界时间,单位是月,2.0就是两个月。

那我们再换一组数。如果你公司的年平均融资成本是6%,比较符合实际情况,那么你每个月的成本就是6%÷12=0.5%。那你2%的销售净利率能扛多久呢?2%÷0.5%=4.0,结果是4个月。换句话说,120天之内收回货款你们公司会有利润,过了120天收回货款,就没有利润。

也许有一种情况,你们公司用的是自有资金,都是老板自己的钱,他没从外面借钱,也没有银行贷款。那么自有资金难道没有资金的使用成本吗?

其实也有成本。自有资金存在银行里有利息,而且我们还没算机会成本。如果这笔钱不是被客户占用,公司把钱投入其他地方,也可能会赚到钱，这笔收益，都应该算到机会成本里。再说，负责去客户那里收款的人，也会有差旅费和员工工资。这些都算在一起，呆账造成的综合损失，等于坏账损失的10倍。

提出这个理论的人，是英国的赊销管理专家波特·爱德华。这个法则被称为爱德华法则。在过去的20年里，这个法则在中国的民营企业中，同样是适用的。简单来用这个法则，就是你公司的坏账如果是50万元，呆账造成的综合损失是500万元。而把这一部分做好就是做好了信用管理工作。

可见，如果把信用管理做好，即使不增加销售额，你的利润也增加了。信用管理是企业新的利润增长点，尤其是在后疫情时代。我们得出一个结论：应收账款不仅得收回来，还得快速收回来，否则你就白干了。

四、后疫情时代收款的难点

在收款的时候我们会遇到一些问题，对经济学的规律一定要心中有数。我发现，任何一次经济危机或者疫情之后，原来容易收的款，现在变得不容易收了；原来不容易收的款，现在变得更难收了；原来难收的款，现在根本就收不回来了。

道理其实特别简单。往年欠别人钱的企业，习惯拿出2元钱，用来偿付应付账款，他的应付账款就是我们的应收账款。他们欠了10家供应商的款，每家供应商欠了1元钱。那么他们拿出的这2元钱，会给其中20%的供应商。

这是他们以前的选择。如今，他们正准备拿出2元钱偿付应付账款的时候，突然意识到，还不知道经济形势什么时候能好转，外贸订单还能不能恢复原状，有太多不确定的因素。他们觉得，2元钱中的1元钱要拿到自己手里，给自己"过冬"做准备。

所以他们拿出来的钱就比往年少了1元钱。然而相对于钱少了，来收款的人却比往年多了。

五、及时收款的有效方式

如果你刚好是上述客户的供应商中的1/10，你做梦都希望这1元钱砸到自己头上。可是，收款不是赌博，这1元钱，是赌不来的，能否收到这1元钱，取决于一句中国"收款圣经"：客户的付款习惯是我养成的。

今年对方只拿出1元钱，他面对这么多的供应商企业，这仅有的1元会优先给谁？谁会让他付出的代价最大，他就会先给谁，而其他公司都能商量。换句话说，谁能让他养成良好的习惯，他就会先把钱给谁。

所以，在你去收款的时候，他早把那1元钱给了那个让他养成良好习惯的企业。如今客户怎么对你，取决于以往你给他养成的习惯。以后他怎么对你，也取决于现在你给他养成的习惯。

子不教，父之过，客户不给钱，我之过，跟客户没关系。别一要不来钱，就说客户不讲信用。他没把钱给你，却给了别人。他为什么跟你不讲信用，跟别人讲信用？他为什么跟你就是"驴"或者

"鹰",跟别人就是"羊"呢?还是你把他惯坏了。

这里有12句关于如何对待客户的话,都是来自多年销售一线人员的经验。

1. 客户的现金流永远是不够用的。
2. 你的纵容不会带来尊重。
3. 坚持原则,之后才是善解人意。
4. 信誉度是无法用钱去买的。
5. 关键的是借款时间。
6. 表现出你强硬的态度。
7. 客户也在琢磨和研究你。
8. 坏习惯养成容易,改掉难。
9. 合作达成以后,不要降低你对自己收款这方面的要求。
10. 引导客户跟养娃一样,你怎么养他,他就变成什么样。
11. 如果我们误导了客户,坚持履行合同。
12. 哪怕红脸,事后再维持关系都可以。

注意其中一句,坚持原则特别重要。如果合同约定的时间到了,客户打电话说他有各种困难,想要延迟付款,你当时犹豫了一下跟他说"那好吧",导致的结果就是,心术不太正的、想拖延付款的客户,会觉得你是可以被拖延的那个人,是不需要优先考虑付款的人。

甚至他心里还会对你有一点点怨恨,觉得你能答应他延期付款,就说明你原来给的账期其实是可谈的,说明你在他身上赚的利润太多了,所以你不在意这点儿资金成本。他回过头来会想:"你当时卖我东西卖贵了,所以你才这么轻易答应我。"

你明明是好心,结果最后对方这样想,并拖延你的账款。结果你不但竹篮打水一场空,非但账款没收回来,还落得里外不是人。所以我们要做一些相关工作,把客户的习惯培养好。

第三节　剖析与破解客户十大借口的技巧

客户不及时付款的十大借口

收款时，要想办法快速收回来。这时，你可能会面对客户的各种借口。公司如果想融资，就要承担银行贷款的利息，财务经理在做资金运营时，他会想到供应商的货款可以晚一点儿给，这相当于无息贷款。从财务经理的角度来讲，这属于应付账款，金额越大对他越有利，时间拖得越长越好。

而对于我们销售人员来讲，这是应收账款，得赶紧收回来，如果收不回来，不仅公司有资金成本，整个公司的运转都会受影响。所以，很多时候，是销售人员与客户公司之间的博弈。

我们去收款时，常常会遇到以下这10个借口。

1. 对方告诉你："钱已经付了，在流程呢，你等着吧。"
2. 采购人员说："我已经通知财务了，他们在办。"这是把球踢出去了。

3. 他说："我的客户还没付钱给我呢。"意思就是，"我也没钱付给你。"

4. 他说："我们公司正在改组和并购，账户暂时冻结了，对不起啊。"

5. 对方说："受大环境影响，这你也知道，我们也受影响了。"

6. 有的人这样说："你们的经理已经同意我们再过一个月付款。"这时，你得验证一下。

7. 最常见的是，对方会说："你的货物有质量问题。"

8. 他说："我们没有收货凭证，怎么付你钱啊？"

9. 还有不讲理的，直接说："我们没有钱。"

10. 他说："你放心，我们一定会付你钱的。"但这样，你只能猜他什么时候才能付款。

十大借口的剖析

这就是客户不及时付款的常见借口。面对他们的这些借口，要进行分类处理。一部分借口属于影响区的借口，另一部分借口属于控制区的借口。

这些借口，无外乎涉及两个方面：一个是人，一个是钱。以及，要么是他们公司遇到了情况，要么是与我们相关的情况。他们公司遇到了情况，我们控制不了，需要去验证，这属于影响区。

比如，他说"我已经通知财务了"，这就是影响区；"我们没有钱"，是影响区；"我一定会付款"，也属于影响区。他们那边我们不好控制。

我们能控制的是自己。比如，"你们的经理已经同意我们再过一个月付款"。这是我们能控制的，可以去问问经理。还有"我们没有收货凭证"，或者"我没收到发票，我去跟财务去交涉一下"；或者是质量问题、技术方面的问题，这一部分是我们可以控制的。

破解技巧一：呈现坚定的追讨态度

在向客户收款时，第一条破解技巧是呈现坚定的追讨态度。

我们要做的就是，把控制区的借口在第一时间处理掉，不要因为我们的问题形成延误。

比如，对方说"发票还没有开出"，那么就第一时间把发票开出来，给他送过去，或者快递过去，要求对方签字确认。

如果是控制区的借口，我们没有第一时间处理，它有可能会变成影响区的借口。此时客户心里知道："你不是特别着急，可见你们公司不差钱，那么我先给别人好了。"

难就难在影响区的借口，我们要呈现坚定的追讨态度。首先，对方的理由是真是假，其实并不重要。重要的是，你要传递你的态度："我现在非常关注回款这件事情，任何借口都不能影响我收款的坚定决心。"

你一定要让对方知道你的意思："你说的是真是假，反正都是借口，货到了、服务提供完了，你就要把钱付给我，这是天经地义的事。所以，甭管你给我找什么借口，你是被动的，你是不对的。我已经守信用了，你也该守信用。"

破解技巧二：追问付款延误的细节

第二条破解技巧是追问付款延误的细节。不管对方是否真的在走流程，你都要去和他确认细节。

可以这么问："按照贵公司的付款流程，在你提出付款申请后，还有哪几个部门需要签字呢？""关键节点有哪几个角色呢？""请问是哪几个人？方便告诉我他们叫什么吗？""下一步应该到哪个节点了呢？""请问下个节点签字需要多久呢？"

这部分的询问，要把话说得特别清晰。把你所关心的点，都问出来。当对方告诉你目前在哪个节点的时候，不管他说到了哪个节点，你都不要再等了，而是马上请对接人引荐你去见这个节点的关键角色。

可以说："请您介绍我认识这位同事，我想了解一下在他那个签字环节，有哪些事情需要我来配合。"这是积极的双赢的态度，不是对立的态度。多数情况，对接人会帮你做引荐，因为他不想一个人承担不付款的责任。这样一来，就把第一个保护罩和盾牌刺穿了。

接下来，见到客户付款节点其他部分的人员时，不要急着向他确认什么时候可以付款，而是要引导对方尽快付款。可以参考这样的话术："我之前就想拜访您，今天见到您真的特别高兴，感谢您一直以来对我的支持。"先给对方一个认可和赞美，让他心里甜甜的。

然后说："之前的对接人告诉我，对我公司支付这30万元的付款申请，他已经同意并签字了，那也就是说那边没事了，现在只需要您同意签字，我就可以收到这笔货款了。"要把之前的对接人拉进来，现在的对接人也无法去验证，但你可以这么讲。前面已经同意了，现在就差他这一关。

接下来对他说："我想了解一下，如果今天您能签字，并把我们的款项付出去，还需要做什么工作吗？"注意，这里我们预设的条件是"今天您就签字"，他马上得签，把款项今天就付出去，有什么需要你做的就说出来。对方让你提壶倒水，让你补充点儿什么东西，这都没问题。这么表达，一下就把对方逼到这个位置了。

而且你不是硬逼他，是软软的态度，并且特别尊重对方。当你这么一问的时候，已经是在引导对方"是否在今天就付款"了，而不是给对方"付款还是不付款"的选择。而且当对方听说之前的对接人已经答应付款的时候，他就不会再难为你了。

这个过程不仅要电话催、微信催，最重要的是要见面沟通。我们平时做销售可以通过电话和微信与客户沟通，这种方式效率很高，你也不一定要亲自去客户公司。但是要注意，收款时会有一个问题，你无法见到欠款人的面孔，无法看到他的表情。他的眼神，包括心理活动，你一点儿都看不出来，就很难进一步判断他所说的搪塞的话是真是假。

在见面的时候，你能观察到客户说话时的表情。如果他眼神有闪躲，说出的话就可能有水分。此时可以采用先开后合的提问方法来应对。先问一句："请问在走付款流程的过程中，还会有什么变故吗？"把这话掀开来说。对方的回答无非是在合理化自己的借口，但是你一定得让他讲出来，因为当他自己把这些借口亲自讲出来的时候，多少都是会心虚和慌张的。

不要管他这时回答什么，你都要乘胜追击问一个封闭式问题。你可以在心里确定一个还款的期限，然后用充满力量的封闭式问题追问他："那按照您的说法，我可以肯定，这笔钱会在10天之内打到我们公司账户上，没问题吧？"把时间限定为最后日期，非常坚定地把对方要做的事用这种力量型的封闭式问题说出来。这种时候，对方大概率会招架不住。

你可以层层递进，不失礼貌，但是要用语言给对方形成心理压力。

还要注意一点，是关于拜访时间的问题。拜访时间不同，效果是不一样的。可以选择在周五下午或周一上午。因为周五下午，客户要安排下周的付款计划，你如果出现在客户面前，他会优先想到安排你的款项。另外，马上要到周末了，客户在周五下午时心情往往是比较好的，也容易答应你提出的要求。提出这种让对方可能不舒服的要求，一定要在他心情愉快的时候。

为什么还有周一呢？周一与客户见面沟通，一是防止过了一个周末，客户忘了上周答应你的事情；二是也提醒客户马上安排付款，防止客户有钱先转给别人。

破解技巧三：请自己公司的财务人员和领导出面

第三条破解技巧是请自己公司的财务人员和领导出面。遇到难题时，一定要主动寻求自己公司财务人员的帮助，让他去对接客户的财务人员。善于整合公司内部资源的销售人员，才是优秀的销售人员。我们曾经讲过黑白脸的方法，需要让财务人员去做"坏人"。

另外，如果让财务人员去跟对方的财务人员对接，他们是在一个频道上的人，沟通会顺畅很多。你是做销售的，跟客户公司的财务人员沟通，他可能不爱听，但由你公司的财务人员沟通，没准对方就爱听了。比如，他们可能会聊一些财务考试、税务的新政策，都可以一下拉近他们的关系。

请财务人员帮忙时姿态要低一点儿，你可以说："客户老是给我讲各种财务的专业术语，我一个销售也听不懂，还要麻烦您帮我去跟他沟通一下。我相信他遇到您这样的财务专家，就不敢拿这些术语来搪塞我了。您帮我把钱收回来，我请您吃饭。"

向财务人员寻求帮助，你需要提前和对方搞好关系。经常刷个脸，送点儿伴手礼，也可以经常跟他聊一些八卦、连续剧之类的话题。如果他本来就对你印象不错，你说这件事情时，他有空时一定会帮你。再说，这也是公司的事，做这些事也对公司有利，大家都是为了一个共同的目标和利益，他会愿意帮你的。

如果付款流程卡在了对方领导签字的环节，那么由于你的级别低，可能催款的效果就不会很好。对方领导那么高的级别，你见到他，他也会觉得你跟他不对等。这时，建议直接请自己的领导出面。销售回款不是一个人做的事情，一定要团队协作。这么做有3点理由。

第一，提高效率，解决客户高层拖延不签字的问题。领导去的话，对方不会像搪塞你一样来搪塞你的领导。

第二，给客户的执行层施加一些压力，让他不敢再延迟付款。

第三，是一次维系客户关系的机会。以领导的身份，约客户公司高层来你们公司回访，一来二去，为继续拓展业务做好铺垫。这时，回款已经不是问题了，双方今后还可能有更大范围的合作。

把自己的领导请出来，总比见对方领导容易一点儿。你可以跟领导说："我真的不想麻烦您，但现在付款卡在对方领导那里，我级别太低了，直接约见对方领导根本见不到，还得请领导您出马。"领导被捧得心里高兴，而且毕竟也是公司的事，他会出面协助你的。

如果领导同意了和你一起见客户，还要在事前做好安排和准备。自己领导出马，一定让对方有对等的安排，要会见客户的高层。如果对方没有准备，会令你的领导很没有面子，接下来与客户方的沟通也会有点儿尴尬。因此，还需要注意两点。

第一，即使你内心因为收不到款很着急，也一定要在沟通过程中保持较好的态度。时刻提醒自己要保持微笑，对事不对人。无论是对待客户对接人还是其他部门的相关角色，都不能恶语相向。他们对你的印象会直接影响到是否能尽快给你付款。

第二，如果客户以流程长为由，提出想要延迟付款，一定不要答应，在谈付款方式的时候要坚持底线。客户选择你的产品，决定性的因素不在于付款方式。若在付款方式上你一旦妥协，以后就很难再向有利于你的方向改变了。

第四节　找到最佳回款执行人

不同部门的人做回款执行人的特点

收款工作既要把钱收回来，又要处理好跟客户的关系，还要协调跨部门的冲突，此外，还需要懂点儿财务、懂点儿销售。什么样的人适合做这个工作？

我建议从财务部门找人，尽量不要从销售部门去找这样的人。虽然销售出身的人灵活变通，也能很快跟客户打上交道，但这一点在收款中恰恰是个劣势。因为很多时候，他容易考虑客户的感受，习惯站在对方的角度考虑问题，甚至和客户成为朋友关系，而不是债权人和债务人的关系。客户关系的维系，将影响他未来出单的情况，所以他很容易跟客户之间形成一种默契，不利于收款。

比如，客户跟他说："你给我宽限几天吧，我今后肯定会从你这里采购更多的货。"这一句话就戳到了销售人员的痛点，很多销售人员这时就会动摇。这样，大量的账就没法收回了。

财务部门的人或者财务出身的人，应该是你的第一选择。他们具有三个优势。

首先，财务背景出身的人对钱敏感，原则性强，而且了解公司的资金状况，在必要的时候可以做到认钱不认人。因为他没有参与前期开发客户的过程，跟客户之间没什么交情，所以他不必珍惜这种不讲理、不给钱、不讲信用的客户，能做到公事公办，按照合同、按照原则，该收款就收款。

其次，由于没有跟客户之前的交情，没有维护关系的负担，他可以轻松上阵。相反，销售人员就做不到。销售人员会有负担，吃人嘴软，拿人手短。

最后，财务人员也没有业务压力，没有销售人员要承担的销售目标。没有顾虑，自然就可以放手去干了。

结合我过去20年的实战经验，在收回疑难逾期账款的时候，财务出身的人，收款成功率超过80%，是包括销售部门在内的所有部门里成功率最高的。

最佳回款执行人的四个标准

瞄准了财务部以后，接下来你要找负责人，请他协助你找出那种有点儿轴、有点儿一根筋、偏驴型的人。我们之前提到的电视剧《士兵突击》中许三多那样的人，就太适合去收款了。他在收款时会一直坚持、坚持、坚持，恨不得出现在客户的梦里。可以用4个标准来衡量一个人是否适合做收款的执行人。

第一，是在日常工作中，这个人动不动就拿公司制度来说事。说明他专注于制度，不是那种灵活变通的人，会坚持原则和制度。

第二，你几乎没见过这个人生气。他情绪很稳定，即使在工作中有摩擦，别人情绪很激动时，他也可以非常平静。

第三，这个人在和其他部门对接财务报销等工作的时候，有些为难别人。明明是一些无关紧要的小细节，他却总是抓着不放。比如，你报销的时候，东西都齐了，就是凭证贴得不齐，他就让你重贴。

如果一个人具备以上3点中的任意两点，他就是收款执行人的合格人选。

如果到了这一步，你还有两三个候选人拿不定主意，我们可以启动第四个标准。你可以问他们一个问题："你在之前的工作中有没有过欠别人钱的经历？"如果有这种经历，甚至他曾经因为之前的公司欠钱作过被告，参与过被诉讼的过程，基本上可以锁定这个人了。

因为在收款业内有一个观点，一个没欠过钱的人，很难成为完美的收款专员，因为他不知道债务人怎么想。如果他自己曾经有过作为债务人的欠款经历，他会对欠款人的心理活动有准确的判断，进而采取有效的应对措施。

管理回款执行人的注意事项

如果我们按照标准找到了一个适合的人，管理他的时候还要注意哪些事项呢？

我们再来讲一段许三多的故事。许三多所在的钢七连,连长高城的父亲是军长,自己也是军校毕业,而且带领这么优秀的连队,他是个非常骄傲的人。他打心眼里看不上许三多,因为许三多成绩不好,总是拖连队的后腿。

钢七连由于部队整编被解散了,所有优秀的兵都被瓜分了,此时此刻的连长高城变成了光杆司令。他想发泄,想骂人,结果放眼望去,一个人都没有。于是他就抽着闷烟回到了营房,结果抬头一看,许三多还在。许三多由于太笨,没被分出去,留下来看营房了。连长把满腔的怒火,劈头盖脸地砸向许三多,骂得针针见血。但是,许三多有"驴"的执着,表现得很淡定。

高城:"还有一个没走呢?许三多,我忘了,是咱们俩看守营房来着哈?可我怎么,就感觉是我一个人呢?你猜怎么着?我突然想起一个笑话来了。每次走人时,我都想,是不该走的走了。你留下来了,我又想,是不该留的留下来了。"

许三多:"……"

高城:"不理我?我知道,你期待已久报复的时刻来了哈?你恨我,你看得比命还重的那个班长,没让你去送,是不是?我早看出来了,你现在是不是特别想宰了我?你学过那些擒拿格斗,致命的狠招全想往我身上使是不是?是不是每走一个人,你都在那想:'哎呀,你有今天啊?'对啊,我有今天啊。但是你只能是心里想想,你能把我怎么的,许三多?"

许三多："……"

高城："许三多,听见了吗?还不理我。这种报复,像你的方式。"

许三多："报告,队列还没有解散。"

高城："太迟钝了,早散了。"

许三多："报告,七连队列还没有解散。"

高城："好,许三多。好,没散啊。来,听我口令,解散!开始吧。"

许三多："开始什么?"

高城："哭、笑、撒泼、打滚、骂人,或者你一拳把我KO了,随便!反正是七连不存在了,随便做你想做的事情,我不责备你。"

许三多捡起地上的垃圾扔进垃圾桶。

高城："不是,你,你是干什么?"

许三多："报告,七连手册上第22条,环境卫生,从不是自扫门前雪,请全体自觉。"

高城："我靠,七连都不存在了,你这会儿想的,你想当清洁工啊你?"

许三多："报告,已经习惯了。"

高城："你懂七连吗?"

许三多："不懂。"

高城："你知道,七连多少次从尸山血海中爬起来,抱着那个战友残缺的躯体,看着那支离破碎的连旗,那些个千军万马在喊胜利，在喊万岁。七连呢？七连没有胜利，他们只是埋好战友，包上伤口，然后跟自己说：'我要活下来，还得打下去。'你懂做兵的这份尊严吗你？"

许三多："不懂。"

高城："七连就是个人，就站在这儿，就站在这儿。他比那房子还高，比那树还高，伤痕累累。他从来就不倒，所以他是钢，钢铁的意志钢铁汉。现在，他倒了，钢融了，铁也化了。就今天，57年连史的最后一天，你居然还想，还想清洁！"

这段对话到了最后，谁疯了？连长疯了。那如果许三多去收款，最后就是客户疯了，一做梦，梦里全是他。请问，许三多这种个性的销售人员，算不算是有个人影响力的人？销售员的个人影响力是指影响客户达到自己目的的能力。

从这个角度来说，许三多是一个极具个人影响力的人。因为故事发展到这里，连长把他一顿骂，还不得不面对接下来的三个半月跟许三多的独处。结果，三个半月以后，连长被提升为侦察营的副营长，临走的时候到团部跟团长说，想申请带走一个兵，就是许三多。他笑着说，他原来烦死许三多了，但这相处的三个半月，许三多把他改变了，他被许三多的执着感染了。

这段故事我在总裁班里经常讲。我问那些老板，如果他们的供应商中有一个销售人员，他的性格像许三多一样，找他们收款，那么他们烦不烦？怕不怕？这些老板都回答，有点儿烦，也有点儿怕，但是内心还有点儿喜欢。

他们心里想的是："这小子要是在我手底下折磨别人，多好啊。"有一个老板说："有些供应商的销售人员就不是这样的，我明明欠他们公司的钱没给，用这些钱进别的货了，我理亏，他们公司放出风来，说要起诉我，我正怕呢。结果他们公司的销售人员找到我说：'张总啊，你别怕，公司说要起诉你，是在吓唬你呢。'"

生活中就有这种吃里爬外的人，客户嘴上一定会说："还得是你，我的兄弟。"但他的心里可就小瞧那个人了，心想："你多亏没在我手底下，不然我非被你弄死不可。"

客户会欣赏和尊重一个执着的、敬业的、有原则的销售人员。这是做一个销售人员职业化的基本操守。你可以衡量一下，自己现在是否做到了？你真的能得到客户的尊重吗？许三多在这段故事中，不管连长怎么骂他，都始终以不变应万变，他用了一个销售谈判、回款谈判中特别重要的技巧：集中精力想问题。

你在准备销售货物的时候，客户总说你的产品质量不行，那么他的目的只有一个：压价格。你找对方收款，他总说你的产品和服务有问题，他目的只有一个：延迟付款。

而这时你要想清楚，要传达一个坚定的态度，要集中精力想问题，你内心就要升腾出刚才在这段故事里许三多心里的一个声音："你叫吧，喊吧，骂吧，你总不至于打我吧？我知道我想要什么，你尽管表演，我自岿然不动。"这是一种自我暗示和自我提醒。你是这个态度，客户也就知道拖欠谁都不能拖欠你，于是就解决了收款问题。

第五节　借逻辑技术拿回款

开发左右脑能提高沟通水平

如果想提高自己在回款中的谈判能力,可以通过训练,开发一下你的左右脑。开发好左右脑,能增强你的谈判能力,提高你的沟通水平。我们每个人的大脑开发,都远远没有到位,就连爱因斯坦也是一样。

20世纪60年代,斯佩里博士开始进行左右脑的研究。他在做人体解剖的时候,发现左右脑的分工是不一样的。于是他研究了20年。20世纪80年代,斯佩里由于在这方面的研究和贡献,获得了诺贝尔奖。我们现在的左右脑理论,就主要源自他的研究。

中国卓越的销售人员,相对于西方人来说,左脑的发达程度明显高于右脑,由此造成右脑的低水平发展,制约了左脑的发挥,从而在一定程度上抑制了全脑的表现。

但是,由于右脑开发得不够,导致我们跟右脑相关的一些技能稍微弱了一点儿,比如,创新能力、表达能力。所以这些年,我们在培养销售人员的谈判技能时，很注重左右脑的转化和右脑的开发。

再举一例，有的人能做到像家人一样对待朋友，像朋友一样对待客户，像客户一样思考利益。这种人就是能善用左右脑的代表。而不善用左右脑的表现在于，该动感情的时候，太动脑筋、太理性了；而该动脑筋的时候，又太动感情了。

比如，对方跟你哭穷的时候，你从感情的角度来想："他没钱，那我别难为他了。"这时，你负责坚持原则的左脑，就没有发挥作用。所以，我们必须同时提升左右脑的水平。

大家可以尝试判断一下两句销售可能会说的话：一是，我可以用人格担保，我们的产品质量绝对可靠；二是，产品质量是否可靠，关系到您将来的使用。如果我是您，也会100%地关注产品的质量。

哪句话能让你觉得更可靠？第二句话有一种同理心，能换位思考，所以第二句话听起来更加可靠。第一句话说完以后，对方不仅会怀疑产品质量，甚至还会怀疑你的人格。和客户沟通时，如果表达得不好，就无法得到期望的结果。

再比如，坐飞机遇到气流的时候，深航的工作人员是这样说的："各位旅客，你好，当航路上遇到气流对冲时，会产生颠簸，但请不要担心，我们的技术人员会利用雷达观察示意的航路。"

在黑夜里的万米高空中，颠簸的飞机里，你感到非常紧张的时候，听完深航的广播，心里会比较踏实。这里面肯定是有同理心的表达，听完会让你舒服点儿。

用逻辑技术搞定"烫手的山芋"

我们来做两个练习。

有一个技术,叫作"烫手的山芋"。"烫手的山芋"说的是,把不属于自己的事情给对方扔回去。

怎么扔呢?这背后有一个非常难掌握的工具,叫作逻辑技术。它分两个步骤:第一,捕捉对方的逻辑线索;第二,引导事情向着有利于自己的方向发展。逻辑线索,其实就是对方的思路和对方讲话的因果关系。人讲话一般都会有"因为……所以……"

比如,一家酒店离上海有点儿远,开车过去需要3个小时,但这个酒店希望招揽一些上海的500强企业到那里开会。这些500强的行政部门负责人和人力资源总监说:"我不会去你们的酒店,因为你那个地方离上海太远了。"

这时你就采用逻辑技术:"因为酒店远离上海的拥挤,所以你才能够享受到鸟语花香的清净环境,而这种环境恰恰适合企业开会和培训。第一,可以隔绝外面的喧嚣,让员工在那里安静地学习;第二,可以给参会人员营造一种轻松的氛围。"这样就把不利情况转化为了有利因素。

借逻辑技术拿回款的话术

接下来我们看看,如何用话术拿回款。

举例来说，你找客户去要钱，客户说："我没钱给你，我的下家还没给我钱呢！""我没钱给你，银行贷款没下来，资金被占用了。"要是没有经验的收款人，一听这些话，就会说："那我回去跟领导汇报一下。"

千万不能这么做，要把"烫手的山芋"扔出去。他的下家没给他钱，银行贷款没下来，这是他的事，你可不能接过来，接了就成你的事了。

所以，逻辑技术恰恰是要打破固有思维，引导到有利于自己的方向。回款时，我们也要抓住对方的逻辑线索。"因为我的下家没给我钱，所以我没钱给你"，这种情况怎么去破解呢？至少有5种话术可以由浅入深，一点点地施压。

第一种说法："就因为你的下家没给你钱，所以你才更应该给我钱。他丢失的信誉难道你想继续丢失吗？"

第二种说法：再给对方加一点儿压，用同理心表达："正因为你的下家没给你钱，所以你才更能体会到我此时作为你上家的难处和感受。"

第三种说法：你的下家没给你钱，你能照顾别人的生意，为什么不先照顾自己的生意呢？这句话的潜台词是："你要是不给我这个上游供应商钱，我就给你停止供货。你为什么不先照顾自己的生意呢？"这是一种威胁。但是你唯一没说的是停止供货，因为如果你这样说，他可能会说"停就停"，这就谈崩了。收款谈判时，威胁要点到为止。

第四种说法：正因为你的下家没给你钱，才说明你有钱。如果你没钱，你不可能稳坐钓鱼台，早就去收款了。你不着急，恰恰说明你不差钱。

第五种说法：你的下家不给你钱，这是你们的事，我说的是你我之间的事。这叫剥离，不能把他的事和你们之间的事混淆在一起。不善于剥离的人容易把事搅和在一起；会剥离的人能把不同的事分开。善于剥离的人，思维比较清晰。

培养一个善于拿单、善于谈判、善于回款的销售人员，思维清晰是一个非常重要的标准。今后，你也可以尝试使用以上的方法，让你的销售和回款工作更容易开展。

第六节　四类谈判结果判定

销售谈判的结果判定，可以把整个销售的流程，分为小规模和大规模。小规模的情况，有订单就算是成功，无销售就算失败。而大规模销售又有4种结果：有订单、有进展，算是成功的两种；暂时中断和无销售，算是失败的两种。

暂时中断

相对来说，比较难判断的是大客户销售中的有进展和暂时中断，要判断客户的话术背后隐藏的是什么意思。我们来看这样几句话：

1. 我给你打电话吧，目前我也没有完全的把握，我向上级汇报一下，再给你回音，届时再和你联系，谢谢。

你可以判断一下，这是有进展还是暂时中断？恐怕是暂时中断。

有几个关键词:"届时",是什么时候,不知道;"谢谢",是在安抚,对方一客气,说明这件事要没戏;"我给你打电话吧",是什么意思?就是"你不要再骚扰我了";"我向上级汇报一下,再给你回音",他会不会真的汇报?不会汇报的概率有80%。所以,这其实是暂时中断。

2. 绝好的建议,我们非常感兴趣,下次有时间我们再一起谈谈。

既然是"绝好的建议""非常感兴趣",为什么不现在谈呢?既然下次谈,为什么不约定一个具体的时间呢?

这句话说完,你什么都没抓住,职场"老狐狸"最喜欢这样讲话。就像我们之前举的例子,女孩子对男孩子说:"你是个好人,一定有更好人在等着你,我配不上你。"这种安抚本身就是一种拒绝。换句话说,挑毛病的人才是真正的买主,而投诉部门才是二次销售的起点,投诉你说明在乎你,不然跟你费那劲干什么呢?

3. 谢谢你专程来一趟,不过要看公司以后的发展情况再联系。

这句话说明现在不需要,也是暂时中断。

4. 你放心,我一定会付你钱的。

这句话,在销售中有50%~80%的概率是暂时中断。他的意思是"给我一个给你钱的理由"。

这样的几种话术,买方都没有同意任何一种具体的行动方案,因此生意并没有实际进展的迹象。客户在生意即将结束时,使用这种肯定性的语言,目的都是用一种很礼貌的方式,赶走一个他们并不想再见到的销售商。一场生意是否结束了,应该用客户的行动来做判断,而不是言语。

有进展

销售谈判是否有进展,要看对方的行动,我们来看一下这两句话的背后,是有进展还是暂时中断?

1.李经理,我也感觉这个事情非常迫切。王总经常提到,我向他汇报一下,没有问题的话,我们下周继续交流吧。

客户这么说,有没有进展?有进展。因为给了下周具体的时间,继续交流的行动也给了,最主要的一点是,他提到了一个具体的领导——王总,如果他不想往前推进的话,他可以用"管理层"来表述,是个模糊的概念。提到王总,他难道不怕你给王总打电话吗?可见,这件事情还是有进展的,是往前推进了。再听下一句。

2.今天我帮你向办公室的徐主任做个引荐,明天你先给他打个电话，有问题你再找我，他的电话是……

你看，他已经有了转介绍，有了电话，可见是有进展的。从这里看出，销售谈判的关键在于行动。

06

以老带新　多次成交

第一节　如何有效促成二次销售

二次销售的重要性

前面几章的内容介绍了从建立关系到收回货款，一次完整的大客户开发流程就完成了。在绝大多数的实际操作中，这个过程也确实结束了。

如果你走到这里了，那恭喜你完成了这次销售，但你还远没有成功。这次销售我们从陌生开始与客户建立关系，通过打磨每一个细小的问题去挖掘客户的真实需求，仔细琢磨每一次跟客户见面的细节，最终，我们打败了层层的竞争对手，让客户相信了我们，接受了我们的产品，签下了合同。

如果到这儿就结束了，那么这一次的付出你就只收获了一次的回报。这也就意味着，要想得到第二份回报，你又要从头开始。既然这样，为什么不把这一次投入变成投资，让它持续产生价值，也就是给你带来二次销售呢？

第一次销售其实是不赚钱的，因为你投入得太多。二次销售才是大客户销售真正的开始。接下来我们就来讲，如何有效促成二次销售。

什么是客户满意度

二次销售通常指的就是客户第二次在你这里采购产品，有可能是同样的产品到期之后再续约，也可能是额外采购你的其他产品。

要想促成二次销售，最基本的前提是保证客户对第一次销售过程是满意的。客户怎样才算满意呢？

我在做培训的时候，有学员提问："我提供的产品质量好，我的服务也到位，过程中发生任何问题，我都第一时间帮客户解决，我自认为这次销售过程的体验还是不错的，但为什么客户给我的反馈，还是不满意呢？"我反问他一个问题："你在销售的时候，控制客户的预期了吗？"

很多销售都会犯一个错误，就是误把客户的体验度当成满意度，以为客户在过程中有好的体验就会满意，但是他忽略了一个关键因素，就是客户对这次服务的预期。

我见过很多销售人员，他们缺乏长远眼光，他们在成单之前总是夸大其词，把产品说得天花乱坠，包括很多产品本身并不能满足的功能，或者后期根本没有能力响应的服务。最终，单子是拿下了，但由于客户对这一次销售的预期过高，即使销售人员使尽浑身解数，做得比竞争对手还要好，客户的满意度也不会高。所以，要想让客户满意，除了体验，适当地控制预期，也是很重要的。

比如，在谈判现场，当你判断客户对你提供的方案比较满意时，如果对方在此基础上提出更高的要求，你最好就先不要答应了。相同体验下，预期越高，满意度就越低。

但是话说回来，预期并不容易控制。做一单生意的时候，不只你在塑造客户的期望值，你的对手也在塑造他的期望值。同样一个产品，如果你给的期望值过低，客户根本就不会考虑你，还谈什么二次销售呢？恰到好处的度是最难把握的。这时，我希望你能综合考虑这个问题。客户满意度不能仅仅依靠提高体验来提升，同样地，也不能单靠降低预期来实现。

所以，你必须综合考虑体验和预期的差值（客户满意度=体验–预期）。这个差值代表的就是客户的退出壁垒。差值越高，客户对你越满意，那么他抛弃你转向竞争对手的概率就越低，也就意味着二次销售成功的可能性越大。反之，这个值越低，客户对你越不满意，这时候就不只是影响二次销售了。

要知道，大客户销售的一大特征就是，客户的圈子很小，因为大客户一共就那么多，客户之间总会通过各种线索联系在一起，如果客户对你不满意，轻则不付尾款，重则在圈子里吐槽。好事不出门，坏事传千里，这相当于因为这一单毁了未来的无数单。

既然满意度取决于体验和预期的差值，提高满意度就只有两个思路。要么在有把握成单的范围内控制预期，要么进一步提升体验。你可能想问，提升体验可以从哪里入手？我的建议是，去满足客户想要的条件。

还记得吗？在第一章第二节我们区分过一组概念，就是客户需要的和想要的。当时我们说，客户的需求很多，在我们不能完全满足的情况下，你要区分出什么是他需要的，什么是他想要的，然后尽量满足客户需要的，少量满足客户想要的，就能更高效地拿下这一单。

如果你在一开始就抬高了客户的预期，也就是承诺了过多客户想要的，那么这个时候，回到我们的满意度公式，你就只能通过满足这些预期，或者提供更多客户想要的服务，来提高客户的体验了。

例如，你销售的是车床类产品，在保障车床的安全性和基本性能的基础上，可以给客户提供免费的最新车床培训；或者派出几个公司的技术人员到客户那里协助操作；再或者，提供免费的车床维修服务，等等。

下一个痛点在哪儿

客户的满意度提升了，这还只是二次销售的基础。我们不可能指望客户主动提出："这次合作我很满意，看看你们还有哪些产品是我们需要的。"假如客户对我们满意，如何有效促成二次销售？这时候，合作的信任基础已经有了，我们只需要找准客户的下一个痛点，二次销售就有机会。那么，痛点去哪儿找呢？

之前我们讲过，使用者是最好的二次销售的需求库。如果你当时做足了功课，这时候就能派上用场了。使用者在工作中可能有很多不顺手的地方，有许多痛点需要解决。而客户是第一次跟你接触，不可能一股脑地让你帮他解决所有的问题，而且还有预算的限制，很可能只是选了最棘手、最核心的问题，先去解决。

你们签的第一个订单就是一个开始。当一个问题被解决，大家尝到甜头以后，很自然地就会想，另外一个问题是不是也有办法解决？

所以，这时你可以去翻翻你和使用者之前的沟通记录，在剩下的客户需求里面，找出那个最痛的，且你的产品能满足的点，这就是促进你二次销售的突破口。假设之前你解决的是使用者的工作安全问题，这次你可以着手提升工作效率，帮他们提升业绩；假设你之前只是提供了一款能用的新产品，接下来你可以想办法让产品更好用。

总之，你带着使用者的真实需求，再带上预期的使用效果，打动采购人员的可能性还是很大的。

那么，如果之前你实在没能找到机会跟使用者深入沟通，或者沟通中没获得有效信息，该怎么办呢？以我的经验来看，除了使用者，还有一个绝佳的切入点，就是客户的投诉部门。你可能会想，客户都投诉了，还会再次购买我的产品吗？这里我要纠正一个观念，投诉虽然意味着不满，但我们不能只从负面的角度考虑这个问题。

从正面来看的话，不投诉才是彻底地放弃，而投诉代表客户对你还有所期待，他还有需求亟待解决。如果你还有其他辅助产品能解决客户的问题，满足他的期待，那么二次销售极有可能达成。而且，投诉还意味着，客户的注意力依然在你身上，还没有转向你的竞争对手，他更希望通过你来解决问题。

所以，千万别嫌投诉的客户烦，这是你辛辛苦苦建立的关系。一个对你颇有微词的客户，总好过一个对你不屑一顾的客户。

综上所述，不要忽略了二次销售，有了二次销售，你之前的付出才能成为有持续回报的投资。想要促成二次销售，我们可以从两个方面着手：第一，客户满意度是二次销售的基础，客户满意度=体验-预期，这两个因素都要考虑，缺一不可；第二，从使用者的需求或者客户投诉里找到客户的下一个痛点，用二次销售解决它。

第二节　如何让老客户帮你介绍新客户

最后，我们来讲讲各行各业的销售人员都求之不得的一件事，那就是老客户转介绍新客户。销售人员都知道，老客户转介绍新客户是效率最高的销售方式之一。一方面，你不用从零开始；另一方面，因为有老客户的信任做背书，新客户的单子更容易谈成。

但是，在绝大多数销售人员看来，这件事特别随缘。销售人员自己没有什么掌控权，能不能成主要取决于老客户。如果老客户不满意，根本不可能给你介绍新客户；就算老客户满意，他也未必愿意替你做背书，送单子给你。除非你遇上对你超级满意而且非常热心肠的老客户，主动替你做推荐，否则很难。

那么到底有没有什么办法能让老客户给你介绍新客户呢？或者说，我们要做点儿什么，提升掌控力，推动老客户帮我们做推荐呢？接下来具体说一下这三个建议。

一、摆正自己的心态

我发现，大客户销售人员普遍有两种心态：一是，这么大的客户跟我合作，已经给我很大的面子了，我已经很幸运了，这种情况下，我就不应该提得寸进尺的请求；二是，我向对方提这样的请求，对方一定会反感，他不给我介绍新客户没关系，但千万别因为我提了这样的请求，破坏了我们已有的关系。

几乎100%的销售人员都会有这些心结，包括一些资深的销售人员。因为销售人员接受过的培训就是，说话办事必须得体，这是一种修养。向别人提请求，似乎不够得体。

但我希望读到这本书的销售人员，都能放下这两种心态，迈过自己心里的那道坎，大胆地说出你的请求，因为你所担心的问题根本不存在。如果你明知道客户对你不满意，这一单完成以后能不能续约都是未知，你根本就不会提出转介绍的要求。

但凡你看到了转介绍的希望，一定是这一单的服务你自己比较满意，客户的反馈也比较理想。在这种情况下，你提出转介绍的要求，就不是给对方添麻烦，而是双赢。因为客户也有关系需要维护，也有朋友和同行，如果你的产品和服务能替他的朋友和同行解决问题，也是帮他在维护关系，这就是一件一举两得的事。

我们可以再换个角度来分析。你提出转介绍的要求，无非是获得两个结果，要么被拒绝，要么被答应。如果对方答应，那皆大欢喜。可就算被拒绝，客户也不会单单因为你提了一个请求，就不再跟你合作。因为客户找新的合作伙伴也是需要成本的。换句话说，提了这个请求，你不会有损失，可能有收获；但如果不提，就什么都没有。

所以我建议，如果你提供了让客户满意的服务，那就不要犹豫，大大方方地向对方提出转介绍的要求，这样并不会破坏你们的关系。

但要注意，这么做的前提是，你真的提供了让客户满意的产品和服务。

二、找准有利的时机

那么，接下来的问题是，什么时间提这个要求比较合适呢？什么时间提，以什么方式提，都是影响成败的关键。

有的人可能会认为，签订合同之后是好的时机。因为这一单已经敲定了，短期来看，提要求对我们不会产生负面影响。而且，对方已经跟我们签单了，证明已经认可我们了，这应该是个提要求的好时机。

也有的人认为，交货之后是比较好的时机，因为我们的任务基本完成了，如果客户对我们的服务满意，应该就会答应我们的请求。这两种想法都有道理，但都不是最佳时机。

因为最佳时机应该考虑的不是一个阶段是否结束了，而是对方是否正处在满意的情绪高点上。你提要求的时候，对方对你越满意，答应你的概率就越高。什么时间点客户对你最满意？一般来讲，是对方刚收到货后的一段时间内，有了使用体验，发现了很多惊喜，正处在跟产品的"热恋期"阶段，一般就在你交货后一周左右。这时候，客户正满意，最容易答应你转介绍的请求。

除非客户对你非常满意，否则最好不要在这个时间点之前提这个要求。什么是非常满意？例如，你的客户在你不在场的时候，跟你的同事非常郑重地夸奖过你，这就是非常满意的标志。这能证明对方不仅认可你，而且愿意成全你。找他转介绍，也许就能成。

总之，提转介绍的请求一定要趁热打铁。趁着客户满意的情绪还在的时候，让对方答应你的请求。

三、巧妙地提出请求

最佳时机找到了，接下来就是怎么提出请求的问题。大部分销售人员都是沟通高手，也接受过公司的话术培训，下面只提醒你几个重点的问题。

第一，请客户转介绍的时候，一定要具体指出你想认识哪个客户，千万不要问客户你有哪些资源人脉，帮我介绍一下。主要是因为大客户，尤其是决策层的人，都很在意跟自己沟通的人是不是足够有诚意，是不是做足了该做的功课。如果你直接伸手向对方要资源，对方只会觉得你在搂草打兔子，随便一问。你都不够重视，他又怎么会重视你的要求呢？

更何况，对方的人脉资源属于个人隐私，如果你直接问对方还认识谁，让对方给你列单子，肯定会造成一种冒犯。最好的处理方式是，你做足了功课，不仅有具体的目标，而且还帮对方想好了怎么帮你。

例如，我有一个学员小张，在这方面就做得特别好。

他当时是这么跟客户说的："赵总，我主要想认识一下××公司的王总。我听说，这个星期四您会跟王总一起参加一个协会会议，您见到王总的时候，可否当面跟他提一下我？我这周五或者周六想联系他，请他吃个饭，顺便介绍介绍我们的产品。"这么处理以后，对方一般不会拒绝帮你引荐，最多说一句，"我先跟他提一下你，然后你们再联系"。

第二，当你提出转介绍的请求之后，如果对方的回复是"我先看看有没有合适的客户，有的话再介绍给你吧"，那么，你表示感谢之后就不要继续再谈这件事了，这多半是委婉的推辞。如果对方答应介绍某个新客户给你，一定要当下马上确定联系人以及联系方式，而且请客户给那边打过招呼后，你再联系。否则没有信任背书，联系了也没用。

第三，最重要的是，客户帮你介绍新客户以后，一定要专程表示郑重的感谢。遇到愿意给你介绍客户的人不容易，不仅要感激，更要把这层关系维护好。

综上所述，要想让老客户帮忙介绍新客户，提出转介绍的请求时要注意这几点：第一，心态上，一定要敢于提请求，面对满意的客户，提了这个请求就可能有收获，不提就什么也没有；第二，找准时机，在客户满意度最高的时候提，更容易成功；第三，提请求的时候，细节上一定要注意，直接问你想认识的客户，当下确定联系方式，请客户提前打招呼，一旦转介绍成功，别忘了专程去感谢。

销售工作是一个环环相扣的闭环。在大客户销售中，没有任何一个环节是独立存在的。从客户分析到建立关系、挖掘需求，从呈现价值到获取承诺再到收回货款，每一个环节都在为下一个环节做准备。换句话说，只要前面功夫下得深，回款、二次销售、转介绍都是水到渠成的事。我希望读到这本书的你，能成为各个环节的高手，拿下一个又一个大订单。

后 记

亲爱的读者朋友，感谢你读到了这里。

我相信在接下来的销售过程中，你可以更好地高效签单。

接下来，我想把这本书最关键的内容，再给你分享一遍。

我们了解到，决定客户采购有五个关键的因素。

第一，看见产品、了解产品的基本价值。

第二，价值除以价格等于产品的性价比。

第三，性价比高，对方也不一定会买，而是会从信任人手里买东西。所以关系营销是销售的核心。

第四，有没有二次合作、是否愿意痛快地给你尾款，取决于客户的体验值跟期望值的差，它决定了客户的满意度，于是就有三种结果：基本满意、不满意和非常满意。我们要在前期适当控制对方的期望值，给对方多带来惊喜，因为惊喜将带来转介绍，转介绍会带来忠诚。

第五，客户要采购，核心是有需求，而我们不能满足他所有的需求，要把他的需求进行层次区分，他有需要的和想要的，我们要尽量满足客户需要的，少量满足客户想要的，只要比竞争对手做得好，客户必然会采购我们的产品。

这时我们需要去了解竞争对手的情况，要去发展向导。而最好的向导，就是善于处理关系、善于包打听的羊型人。

前面讲到了四种客户类型，羊型的人对于情感看得很重，对人看得很重，但是不太关注利益。

与他相反的、关注利益的人，是鹰型的人，他往往是客户的决策人，对事实和数据特别关注。所以跟他打交道，套近乎反倒不起作用。

还有一种人很执着，而且运营能力也很强，并且很保守，他很适合去收款，这样的人叫作驴型人。

另外有一种人，很狡猾、喜欢拖着你，有时答应了的事也不办，擅长狡辩，就是狐型的人。

对不同的人，要采用"说""听""问"，不同的谈判话术，也叫作次序技术。

跟鹰型人打交道，避免跟他产生冲突，而且要了解他的底细，要以听为主，之后再提出一个问题。

而和羊型、驴型的内向的人打交道，为了打开话题，我们需要以说为主。

驴型人注重反驳的过程，而忽视谈判最后的结果，我们往往就有很高的利润。

面对狡辩的、狡猾的狐型人，他不断地给自己找理由解释的时候，我们要问一个力量型的封闭式问题，可以主导谈判的进程向着我们期望的方向发展，不给对方反驳和狡辩的余地。

掌握了次序技术之后，我们在识别客户的时候，很多人身上具有"鹰"加"狐"或者"鹰"加"驴"的特点，但是很少有"鹰"加"羊"的复合体。

接下来，面对决策人公关的时候，我们可以使用"1+1"的工具。第一个1是要在短短的时间里给对方留下印象，塑造个人品牌；第二个1是要约见下一次。

塑造个人品牌，要做的就是得让客户能记住你，你要有四个特征：独特性、相关性、特定性和一致性。

同时要想办法去约见客户，最后得把钱收回来。我们经常说的一句话就是："卖出货的是徒弟，收回款的才是师父。"在收款过程中，面对对方的各种借口，我们要有相应的话术和方法，做好以后，就形成了回收货款、二次销售的闭环，于是就有了销售的全流程：客户分析—建立关系—挖掘需求—呈现价值—获取承诺—回收货款—二次销售。

而伴随整个销售全流程的是全程信用管理，包括事前的资信管理、中期的授信管理和事后的回款管理。当把整个销售与回款的全流程打通以后，加上信用管理，就可以为你拿大单和最终回款保驾护航。

祝你成为销售高手，高效签单！

© 民主与建设出版社，2024

图书在版编目（CIP）数据

成交心法 / 程广见著. -- 北京：民主与建设出版社，2024.3
ISBN 978-5139-4499-1

Ⅰ.①成… Ⅱ.①程… Ⅲ.①销售—方法 Ⅳ.①F713.3

中国国家版本馆CIP数据核字（2024）第038863号

成交心法
CHENGJIAO XINFA

著　　者	程广见
责任编辑	廖晓莹
封面设计	沐希设计
出版发行	民主与建设出版社有限责任公司
电　　话	（010）59417747　59419778
社　　址	北京市海淀区西三环中路10号望海楼E座7层
邮　　编	100142
印　　刷	北京世纪恒宇印刷有限公司
版　　次	2024年3月第1版
印　　次	2024年5月第1次印刷
开　　本	880mm×1230mm　1/32
印　　张	6.75
字　　数	139千字
书　　号	ISBN 978-7-5139-4499-1
定　　价	68.00元

注：如有印、装质量问题，请与出版社联系。